Es gibt Augenblicke, die über unser ganzes Leben entscheiden; sie stellen uns vor Entschlüsse, die mit zwingender Notwendigkeit jetzt und hier gefällt werden müssen. Einen solchen Augenblick erlebt die junge Witwe Katja Blumenthal auf dem Gutshof ihres Onkels im Westfälischen, als sie ihr Räuchermännchen, einen geschnitzten Hirten aus dem Erzgebirge, rauchen läßt. Lavendelduft erfüllt den Raum. Das Räuchermännchen lockt einen kleinen Waisenjungen an, der Katja aus der Welt der Erinnerungen in die Gegenwart ruft und ihrem Leben eine neue Aufgabe und eine neue Richtung gibt.

Edith Biewend, Autorin des vielbeachteten Berichtes »Unterwegs mit Tille«, hat hier wiederum eine Erzählung geschrieben, die den Leser nachdenklich stimmt, die ihn beglückt und bereichert.

EDITH BIEWEND

# DAS RÄUCHERMÄNNCHEN

*Erzählung*

EUGEN SALZER VERLAG
HEILBRONN

SALZERS KLEINE REIHE
BAND 116

31.–33. Tausend / 1986


Einbandzeichnung: Elsbeth Schneidler-Schwarz
Druck: Offizin Chr. Scheufele, Stuttgart
Printed in Germany
ISBN 3 7936 0403 9

# I

Es war kein Schnee gefallen an diesem Dezembertag des Jahres neunzehnhundertsiebenundvierzig, aber der Frost hatte den durch vorangegangene Regengüsse aufgeweichten Lehmboden so zum Erstarren gebracht, daß man mit dem Fahrrad nur mühsam vorwärts kam. Katja war gezwungen, einige Male abzusteigen, weil die Reifen fortwährend in den verkrusteten Furchen steckenblieben. Als der Gutshof in ihr Blickfeld trat, stieg sie ab, führte das Rad über den holprigen Pfad und befestigte den Koffer auf dem Gepäckständer, weil die Riemen sich gelockert hatten. Es war ein mechanischer Handgriff, gleichgültig und weltvergessen wie ihre stolpernden Schritte, wie der Blick, den sie bei vorgeneigtem Kopf über die Landschaft schweifen ließ, ohne doch irgend etwas wahrzunehmen. Die Leute, die ihr begegneten und die den Grund ihrer kurzen Abwesenheit kennen mochten, drückten sich mit scheuem Gruß an ihr vorbei und schienen nicht zu erwarten, daß sie ihnen dankte.

Sie war am Vortage im Durchgangslager Friedland gewesen, wo ihr einer der Heimkehrer den Tod ihres bei Stalingrad vermißten Mannes bestätigt hatte. Aber nicht das war es, was sie verstörte, mochten es die anderen auch so ansehen. Ihr war nur zur Gewißheit geworden, was sie zutiefst längst wußte. Wo keine Hoffnung ist, kann auch der Schmerz der Enttäuschung nicht einschlagen. Etwas anderes war in ihr aufgebrochen an dieser Station des Wiedersehens und des Abschieds, der erfüllten und der vergeblichen Sehnsüchte, die Erkennt-

nis nämlich, daß sie seit dem Ende des Krieges unter der gläsernen Glocke eines Scheinfriedens gelebt und ihre Erinnerungen gepflegt hatte, als sei nun alles vorbei, als komme es nur noch darauf an, das Erlittene zu verwinden und zu vergessen. Nichts war vorbei. Draußen, außerhalb der Glocke, an jener Drehscheibe zwischen Ost und West, gab es das Gesicht des Krieges noch: die Angst, die offenen Wunden, das vergebliche Warten, den Aufschrei zerschlagener Hoffnung und das schale Glück des Wiedersehens mit einem, den der Tod noch nicht eingeholt, aber sichtbar gezeichnet hatte. Männer in zerlumpten Uniformen, auf Krücken gestützt; Frauen, die mit dünnen Stimmen immer wieder ein und denselben Namen riefen und nicht müde wurden, das Foto in ihren froststarren Händen jedem Ankömmling entgegenzuhalten; junge Mütter, die ihr Kind beim großen Treck verloren hatten und die nun mit verzweifelten Augen die Reihen der Aussiedler absuchten, ob nicht einer es — zufällig — aufgelesen, sich seiner angenommen, es mitgebracht hätte! Der Zufall als Retter in der Not, das große Lotteriespiel des Lebens.
Katja erschauerte, ihre Hände in den Fäustlingen umklammerten die Lenkstange. Zwei Gräber gab es, die festhielten, was ihr einmal das Liebste auf der Welt gewesen war. Zwei Gräber, weit voneinander entfernt, ein namenloses in einem sagenhaften Land, von dem sie kaum eine Vorstellung besaß; ein zweites, kleineres auf einem Ostberliner Friedhof, das zu pflegen sie keine Zeit mehr gefunden, weil ein Rest von Lebenswillen sie zur Flucht gezwungen hatte. Welch eine Welt, in der es hilfreich ist, zu wissen, daß es Gräber gibt, in der es tröstlich ist, sich nicht in Sehnsucht verzehren, nicht mehr warten, hoffen, bangen zu müssen!

Eine Stimme neben ihr ließ sie zusammenfahren. »Tach, Frau Blumenthal, geben Sie mir man den Koffer, ich trag ihn schon hinein.«
»Danke, Gottlieb. Wo ist mein Onkel?«
»Bei den Scheunen.«
Der Gutsherr hatte seine Nichte bereits bemerkt und kam auf sie zu. Seine Beine, die er von den Zehen bis zur Wade mit wollenen Lappen umwickelt hatte, staken in hohen Wasserstiefeln, die das Gehen erschwerten. Sie standen einander schweigend gegenüber auf dem weiten, menschenleeren Vorplatz, so nahe, daß der Hauch ihres Atems sich zwischen ihnen mischte.
Dann fragte der Mann leise, zögernd: »Es ist endgültig, ja?«
Katja nickte nur.
»Du hast also doch noch gehofft, nach allem, was du schon wußtest?« Es klang erschüttert.
»Nein, Onkel Eberhard. Es ist nur – ich kann es nicht ausdrücken –, ich glaube, ich habe ganz falsch gelebt seither.«
Eberhard von Tettenborn war nicht der Mensch, der seine Zuneigung in Äußerlichkeiten auszudrücken pflegte. Jetzt aber nahm er den Kopf der Nichte in beide Hände und strich mit seinen Daumen mehrere Male über ihre von der Kälte geröteten Wangen. Ob ihre Worte ihn erstaunten, war nicht zu erkennen.
»Mia hat eingeheizt bei dir, ich nehme an, daß du gern allein sein möchtest. Wenn ich sonst noch etwas für dich tun kann, so laß es mich wissen.«
Das war nun der Ort ihrer Zurückgezogenheit, der ihr in den letzten beiden Tagen so fragwürdig geworden war, daß sie geglaubt hatte, ihn als Scheinwelt entlarven zu müssen. Den ehemaligen Empfangssalon des

Herrenhauses, den Katja bewohnte, erreichte man auf zwei Wegen; einmal durch den Haupteingang und über ein Labyrinth von Treppen und Gängen, oder aber, und das war die einfachste Art, über eine zweiläufige Gartentreppe und durch die Terrassentür. Diese Tür blieb im Winter verschlossen, eine dicke Filzrolle an ihrer Innenseite verhinderte, daß die kalte Zugluft vom Boden her ins Zimmer drang. Noch immer herrschte Mangel an Koks, weshalb die Zentralheizung nur mit halber Kraft arbeiten konnte.

Dennoch war der Raum von einer wohligen Wärme erfüllt. An Holz mangelte es nicht, Mia hatte den Kamin angezündet und die Scheite zum Nachlegen neben der Ziegelwand aufgeschichtet. An der Terrassentür, deren oberer Teil in kleine quadratische Fenster aufgeteilt war, begannen die Eisblumen zu schmelzen und in die Ecken zu flüchten, kreisrunde Gucklöcher zurücklassend, durch die ein smaragdgrüner Nachmittagshimmel hereinschien. Die Jahresuhr auf der Kommode führte unter dem Glassturz ihre sanften Pendelbewegungen aus und blitzte jedesmal auf, sobald ihre Kugeln den Streifen des scheidenden Tageslichtes durchmaßen. Den runden Tisch vor dem Biedermeiersofa schmückte ein Adventskranz. Seine dicken gelben Kerzen standen noch unberührt, obwohl der dritte Adventssonntag bereits verstrichen war.

Katja Blumenthal hatte ein heißes Bad genommen und genoß die Vertrautheit mit ihrer Wohnung. Nicht nur ihr Körper, auch ihr Gewissen fühlte sich entspannt. Sie glaubte plötzlich wieder, ein Recht auf diese Annehmlichkeiten zu haben nach allem, was sie noch vor kurzer Zeit durchlebt und durchlitten hatte. Das Leben verläuft in Wellenbergen und Wellentälern, aber durfte sie allen Ernstes behaupten, daß es sie aus dem Tal des

Leids bereits auf die Woge des Glücks hinaufgespült habe? Nach der Auskunft von gestern, der endgültigen Bestätigung? – Vielleicht war sie unterwegs zu irgendeinem fremden, noch verborgenen Glück, wer konnte es wissen. Sie wußte jetzt nur, daß sie Ruhe gefunden hatte, und diese Ruhe wollte sie sich durch nichts und niemanden zerstören lassen.

Es war die Stunde der Erinnerung, die Andacht des Gedenkens. Nun gab es keinen Grund mehr, ihr aus dem Weg zu gehen. Katja entzündete drei Kerzen auf dem Adventskranz, blickte lange in die flackernden und sich wieder beruhigenden Flämmchen und wandte sich schließlich dem Kamin zu, um das Feuer zu versorgen. Funken stoben auf, die frischen Scheite knatterten, und eine schmale Rauchsäule, vom Abzug angesogen, strebte vor ihren Augen in die Höhe. Bei diesem Anblick fiel ihr ein, was ihr zu ihrer kleinen Feier noch fehlte.

Sie kniete vor der Kommode und zog die unterste Lade weit heraus. Das rote Kästchen mit den Fotos – nein! Sie schob es hastig beiseite. Diese Bilder hatten etwas Direktes, führten zu unmittelbar in einen noch kaum geheilten Schmerz, das war es nicht, wonach sie suchte. Aber dort unter dem Seidenpapier, dort mußte es stekken, das Räuchermännchen aus dem Erzgebirge, aus Johanngeorgenstadt, der Heimat ihres Mannes. Bert hatte es ihr am Weihnachtsabend nach ihrer Verlobung geschenkt, und nun hielt sie es wieder in den Händen – nach wie langer Zeit? Sie wußte es nicht einmal.

Es war ein geschnitzter Hirte, nicht eine der sonst üblichen Bergmannsfiguren in buntlackierter Uniform, ein schlichter Schäfer nur, roh und gedrungen, von einem weiten Schlapphut überdacht. Die Linke hielt gravitätisch einen Stab umschlossen, die Rechte das unvermeidliche Pfeifchen, dessen Rohr in einen weitgeöffneten Mund hineinführte. Das einzig Bunte an der Gestalt waren die roten Knöpfe, die in senkrechter Reihe den gefältelten Mantel verzierten. Der Saum dieses Mantels bezeichnete die Stelle, an der man dem Männlein, wollte man ihm und sich selbst die Freude des Rauchens gönnen, unweigerlich zu Leibe rücken mußte. Katja trennte mit einer vorsichtig drehenden Bewegung den Rumpf von der Figur, hielt einen der winzigen braunen Kegel, die dem Hirten beigefügt waren, in die Kerzenflamme, bis er zu glühen begann, und stellte ihn auf das Metallrund des Sockels. Nachdem sie den hohlen Rumpf wie einen Deckel über das Räucherkerzchen gestülpt hatte, erwartete sie gelassen den feinen Streifen graublauen Rauchs, der alsbald aus dem Munde des Männchens hervordampfte. Das Zimmer füllte sich mit Lavendelduft.

Bei allen diesen Verrichtungen hatte Katja das zunächst noch unklare, sich aber mehr und mehr verdichtende Gefühl, als werde sie unablässig beobachtet. Im Raum befand sich niemand außer ihr, so suchten ihre Augen denn die Scheiben ab, hinter denen ein früher Abend dämmerte. Und dort, hinter einem der untersten Vierecke, in dem blanken Ausguck, den die Eisblumen freigaben, begegnete sie einem Augenpaar, einem hellen, sehnsüchtigen, dürstenden Blick. Sie brauchte nicht lange, um zu wissen, wer da stand. Es war eines der Waisenkinder aus dem nahen Versorgungshaus. Der Melker Tenbücken hatte es für ein paar Tage bei sich aufgenommen, damit es das Weihnachtsfest zusammen mit seinen eigenen Kindern in einer richtigen Familie erlebe.

Katja schob mit dem Fuß die Filzrolle beiseite, drehte

den rostigen Schlüssel herum und öffnete die Tür. Das Kind fuhr zurück.
»Aber, Henning, vor mir brauchst du doch nicht zu erschrecken! Komm schnell herein, du bist ja ganz durchfroren. Warum hast du denn keine Jacke mitgenommen?«
Der Junge – er mochte etwa fünf Jahre alt sein – gab keine Antwort. Sie hatte ihm kürzlich noch auf dem Hof beim Spielen zugesehen, einem wilden kleinen Draufgänger, einem Kind von überschäumendem Temperament, das gern seine Fäuste gebrauchte und auch den Kampf mit älteren Kameraden nicht scheute. Nun schien er ihr verwandelt: sehr klein, sehr zart, von übertriebener Schüchternheit, die ihm nicht einmal erlaubte, einen Fuß vor den anderen zu setzen. Sie sah erst jetzt, in welch abgerissenem Zustand er sich befand. Die Hose war viel zu kurz, das karierte Hemd im Rücken mit einem großen, lieblos eingesetzten Flicken versehen. Da er sich nicht rührte, die Augen aber unverwandt auf den kleinen Hirten gerichtet hielt, griff sie unter seine Arme und stellte ihn dicht vor den Gegenstand seines Begehrens hin. Sein runder Kopf mit dem wirren Bürstchen über der Stirn reichte gerade über die Tischkante.
»Gefällt es dir, das Räuchermännchen? Du mußt mal schnuppern, es riecht gut. Es riecht ein bißchen nach Weihnachten.«
Er beugte gehorsam den Kopf vor, hielt die Nase in den feinen Faden duftenden Lavendelrauchs und schloß die Augen. Seine Lippen formten unhörbar ein Wort, immer wieder dasselbe Wort, während seine Hände die Tischplatte umklammert hielten. Katja näherte sich ihm, versuchte, ihn zu verstehen, und wurde im gleichen Au-

genblick, da sie das Wort erkannte, von einem heißen Schrecken erfüllt über das, was sie angerichtet hatte.
Er warf sich mit einem heiseren Laut auf den Teppich, lag dort gekrümmt wie ein Wurm, von Schluchzen geschüttelt, das tränenüberströmte Gesicht in beide Fäuste vergraben, und immer wieder klang der verzweifelte, halberstickte Schrei: »Mama, Mama! – Ich will zu meiner Mama!« Und wütend, mit dem Fuß ins Leere stoßend: »Ich will zu ihr, sofort, sofort. O Mama!«
Katja setzte sich zu ihm auf den Fußboden, legte ihre Hand auf seinen Rücken, mitten auf den häßlichen Flicken, und wartete, bis er sich beruhigte. Tröstende Worte hätten da nichts ausgerichtet. Sie war verwirrt, bestürzt, ratlos wie lange nicht mehr, aber sie hütete sich, es zu zeigen. Dieses kleine Bündel Hilflosigkeit brauchte einen Menschen, der stark und gefaßt auftrat, auch wenn er es nicht war.
Das zornige Schluchzen des Jungen ging allmählich in ein verhaltenes Weinen über. Sie hob ihn auf, trug ihn zum Sofa und nahm ihn auf den Schoß. Er ließ es ohne Widerstand geschehen. Das Räuchermännchen auf dem Tisch hatte seinen Vorrat ausgehaucht, sein weitgeöffneter Mund verharrte hohl und nutzlos in einem beständigen Gähnen.
Henning wischte mit dem Hemdärmel über sein Gesicht, deutete mit dem Finger auf die Figur und sagte, den fragenden Blick zu Katja erhoben: »Jetzt ist er leer, jetzt hat er nichts mehr zu rauchen. Und darum muß er wohl weinen?«
»Aber nein, er weint ja gar nicht, er singt. Er singt ganz leise für sich ein Weihnachtslied. Wenn wir still sind, können wir es hören.«
Da hatte sie ihn denn doch unterschätzt. So klein war

er nicht mehr, daß er sich etwas vormachen ließ. Für eine Weile schaute er verblüfft, versuchte zu lauschen, dann schüttelte er den Kopf.
»Er singt nicht, er weint. Mama hat auch so ein Räuchermännchen gehabt. Aber das hat nicht geweint.«
Sie forschte ihn behutsam aus, hob mit tastenden Fragen Teil um Teil seiner halbverschütteten frühesten Kindheit ans Licht. Ein Haus tauchte auf, ein Garten im Sommerlicht, mit großen, großen Blumen. Henning zeigte auf die Kerzen, um die Farbe zu bestimmen, es mußten Sonnenblumen gewesen sein. Mama hatte Hühner gefüttert. Und Papa? – Henning stutzte und kniff die Augen zusammen. Ein Achselzucken folgte, von seinem Vater wußte er nichts. Er war wohl damals schon nicht mehr daheim gewesen.
Eine Stunde später brachte Katja Henning zu den Tenbückens hinüber, die bereits nach ihm suchten. Als sie ihm das wollene Tuch, das sie um sein fadenscheiniges Hemdchen geschlungen hatte, von den Schultern nahm, krallte er sich mit beiden Händen in ihrem Mantel fest und zog sie dicht zu sich heran. Sein Atem ging rasch, seine wasserblauen, hellbewimperten Augen erschienen dunkler als sonst. »Du hast es schön«, flüsterte er, wartete aber nicht ab, ob sie darauf eingehen werde. So schnell, wie er nach ihr gegriffen hatte, ließ er sie auch wieder los und wandte sich seinen Spielgefährten zu.
Es gibt Augenblicke, die über unser ganzes Leben entscheiden. Oft ist es das jähe Aufflackern der Verliebtheit, die ihr Licht auf eine noch dunkle Zukunft wirft und alle Zweifel in den Schatten der Bedeutungslosigkeit verbannt. Wie immer sich das Leben danach anläßt, war doch der Absprung leicht und mühelos, getragen von den Flügeln einer seligen Zuversicht und Selbstgewiß-

heit. Aber es gibt auch Entscheidungen, die mit zwingender Notwendigkeit sich einstellen, jetzt und hier gefällt werden müssen und dabei doch die ganze Last und Schwere künftigen Schicksals schon unverstellt umschließen. Die Worte des Kindes waren Dank und Bitte zugleich, und die Bitte darin überwog: Du hast es schön! Sie klopften an Katjas Gewissen wie an eine verschlossene Tür, immer lauter, immer dringender, nie mehr würde sie ihnen ausweichen können. Und Hennings schamhaftes Sichabwenden danach, als fürchtete er, sich verraten zu haben, verstärkte nur die Mahnung und machte den Anspruch unüberhörbar zuletzt. Es war schon alles entschieden. Doch das Gewicht der Entscheidung verlangte zumindest, daß sie sich einen Rat einhole.

Onkel Eberhards Arbeitszimmer war von anderer Art als die romantische Behausung seiner Nichte, ein nüchterner, spärlich möblierter Raum mit kahlen Fenstern, die nur am Abend durch einen Vorhang von der Außenwelt abgeschirmt wurden. Den aufgeklappten Schreibtisch, den Katja noch nie in geschlossenem Zustand erblickt hatte, bedeckten lose Blätter, Schnellhefter und Aktendeckel; was auf der Platte nicht mehr Platz gefunden hatte, lagerte aufgehäuft am Boden. Katja mußte lächeln, als sie daran dachte, welche immerwährende Zumutung dieses Zimmer für Mias Ordnungssinn bedeutete. Der einzige Gegenstand, der eine gewisse Behaglichkeit verbreitete, war der Samowar auf dem niedrigen Tischchen; ein Vorfahr hatte ihn von einer Rußlandreise mitgebracht, und der Onkel benützte ihn häufig. Die abgeschabten Ledersessel, in denen sie einander gegenübersaßen, erweckten diesen Eindruck nicht. Katja berichtete, was ihr am Nachmittag widerfahren

war, und Tettenborn hörte ihr aufmerksam zu, ohne sie zu unterbrechen.
»Du bist einem Aufruhr deines Gefühls erlegen«, bemerkte er nachdenklich, als sie geendet hatte. »Wen ergriffe es nicht, zu sehen, wie ein Kind an das Kreuz seiner Erinnerungen geschlagen wird! Und daß es dich in deiner Verfassung ganz besonders mitnahm, ist nur zu verständlich. Versteh mich recht, Katja, ich bin nicht dagegen, daß du den Kleinen zu uns holst, wir haben Platz und im Gegensatz zu den meisten Menschen in unserem Lande keine Nahrungssorgen. Daraus erwächst geradezu eine Verpflichtung, deinen Vorschlag anzunehmen. Aber ich gebe zu bedenken –«
»Ja?« fragte sie, während sie den Samowar bediente und die beiden Tassen nachfüllte. »Sprich es offen aus, ich muß es jetzt wissen.«
Er verschränkte die Hände auf den Knien, grobe, steife Hände, die einem Mann gehörten, der sich nicht schonte. »Zu bedenken«, wiederholte er, »daß du in einer Gefühlsaufwallung handelst und dir über die Folgen dieses Schrittes vielleicht nicht im klaren bist. Hast du den Jungen erst einmal zu dir genommen, so ist er dein Sohn, und du wirst für ihn einstehen müssen, ganz gleich, was geschieht. Ein Kind ist kein Paket, das man nach Belieben annehmen oder abschieben kann. Du bist jung, Katja, du könntest dich eines Tages wieder verheiraten wollen.«
Sie machte eine abwehrende Bewegung. Er sah es, überlegte kurz und beschloß dann, dieses Thema fallenzulassen. Seine Einwände waren damit aber noch nicht abgeschlossen.
»Du wirst«, fuhr er unerbittlich fort, »eines Tages Eigenschaften an ihm entdecken, die dir fremd und un-

heimlich sind und dir bewußt machen, daß du nichts über seine Vergangenheit weißt. Du wirst Pläne mit ihm haben, die er dir nicht erfüllen kann, weil er –«

»Das geht auch leiblichen Eltern nicht anders«, fiel Katja ihm ins Wort. »Soll ich dir Beispiele aus unserer eigenen Familie nennen? Du kennst sie ja selbst. Und wie wenig die sogenannten Bande des Blutes zählen, magst du daraus ersehen, daß ich mich mit Mama immer bestens verstanden habe, obwohl ich schon elf war, als Vater sie heiratete.«

»Du hast es ihr nicht schwer gemacht, mein Liebes«, versicherte Tettenborn mit maliziösem Lächeln. Er mochte seine Schwägerin nicht, und Katja, der es wieder einfiel, überging die Bemerkung mit Schweigen.

»Und dann, vergiß nicht, war ja immer noch dein Vater da. Dem kleinen Henning aber wirst du Vater und Mutter zugleich sein müssen.«

»Einen Vater findet er doch sicher in dir?« fragte sie impulsiv und sah ihn bittend an.

Tettenborn griff nach ihrer Rechten und zog sie galant an die Lippen. »Du bist eine Schmeichlerin, Katja, aber so leicht bin ich nicht zu bestechen. An mir, das merke dir gleich, wird er einen Großvater haben, einen gichtigen, kauzigen Opapa, der ihn schrecklich verwöhnen wird und gar nicht daran denkt, in deine Erziehung einzugreifen. – Wann willst du ihn holen?«

»Nach dem Fest. Ich möchte den Tenbückens nicht die Freude verderben, es sind gutherzige Leute. Mit dem Versorgungshaus werde ich morgen früh Verbindung aufnehmen.«

»Ist gut.« Tettenborn nickte. »Da du nicht die Absicht hast, ihn zu adoptieren, wird es keine Schwierigkeiten geben. Einen Rat noch zum Schluß: Das Räuchermännchen würde ich an deiner Stelle verschwinden lassen. Es war richtig, daß du den Jungen ausfragtest, aber jetzt muß er vergessen. Also weg mit dem unglückseligen Ding!«

»Ist schon geschehen«, erklärte Katja und lächelte dem Onkel in dankbarem Einverständnis zu.

## II

DAS VERSORGUNGSHAUS, IM JAHRE ACHTZEHNHUNDERTneunzig von der Inneren Mission errichtet, war ein nachgedunkelter Backsteinbau von abschreckender Nüchternheit. Sein Zweck gab sich nicht ohne weiteres zu erkennen, denn in dieser Art baute man um die Jahrhundertwende alles, was als notwendig galt und doch nicht kostspielig sein durfte: Schulen, Vorstadtbahnhöfe, Kasernen. Lediglich die Bibelstelle, die über dem Hauptportal eingemeißelt stand, gab einen Hinweis, Matth. 11,28. Die karge Abkürzung machte zunächst einmal deutlich, daß man in diesem Hause nichts verschwendete, nicht einmal Buchstaben, und zum anderen, daß die Kenntnis jenes angedeuteten Spruches bei jedem Eintretenden vorausgesetzt wurde: »Kommet her zu mir alle, die ihr mühselig und beladen seid; ich will euch erquicken.« Aber auch wer sich, wie Katja, seiner erinnerte, empfand die Worte des Herrn in dieser Form und an diesem Haus weder als Trost noch als Ermunterung.

Die Oberin, mit der sie bereits bekannt geworden war, hatte ihr erlaubt, vor dem Abschluß der letzten Formalitäten das Heim zu besichtigen. Eine junge Kinderpflegerin, die hier praktizierte, führte den Gast durch die einzelnen Stationen, in denen die Kinder nach dem jeweiligen Lebensalter zusammengefaßt waren, die Säuglinge, die Kleinkinder, die Schulpflichtigen. Ob diese Einteilung sinnvoll war, wagte Katja zu bezweifeln, sie war auch nicht der Kinder wegen geschaffen worden, sondern nur, um dem Pflegepersonal die Arbeit zu erleichtern. Man leistete hier viel, man spannte alle Kräfte an, es fehlte nicht an gutem Willen, und doch blieb die Wirkung gering, denn die Not war zu groß.

Das junge Mädchen gestand es ein, Bitterkeit in der Stimme: »Man weiß oft nicht, wo man anfangen und wem man sich zuerst zuwenden soll. Gestört sind sie fast alle, man findet selten so viele Daumenlutscher, Nägelkauer, Wipper und Bettnässer beisammen, und man kann nur wenig dagegen tun. Glauben Sie mir, daß wir versuchen, ihnen Liebe zu geben, aber selbst darin müssen wir uns zurückhalten. Wie könnte ich es verantworten, auch nur eines der Kinder innig an mich zu binden, wo ich doch jetzt schon weiß, daß ich in einem Jahr weggehe und meine Ausbildung anderswo fortsetze. Es gäbe einen herzzerreißenden Abschied und neue seelische Bedrängnis, das haben wir unter vielem anderen auch zu beachten.«

In Katja zog sich etwas zusammen, ein Gefühl von Erbarmen und Hoffnungslosigkeit beschlich sie. Was es mit den Wippern auf sich hatte, ein Ausdruck, der ihr unbekannt war, sollte sie gleich darauf in der Kindergarten-Station erfahren. Drei von den zehn Jungen und Mädchen, die um einen runden Tisch saßen und unter der Anleitung einer Helferin mit Knetgummi und Papier hantierten, beteiligten sich nicht an der Bastelei, sondern stießen unentwegt mit dem Rücken gegen die

Lehne ihres Stuhles, wobei sie einen summenden Ton von sich gaben, immer denselben langgezogenen Ton. Katja trat an eines der Kinder heran und hielt ihm die Knetmasse aufmunternd entgegen – umsonst. Es blickte teilnahmslos an ihrer Hand vorbei und ließ sich in seinem eintönigen Tun nicht stören. Die Helferin hob bedauernd die Schultern.

Indem sie von einer Abteilung zur anderen gingen, stellte das ernste junge Mädchen ihr einzelne Kinder vor, die sie ganz besonders lobte und als gutartig, leicht erziehbar, gesund und fröhlich bezeichnete. In Katja tauchte ein unbehaglicher Verdacht auf, als die Anpreisungen nicht nachließen. Sie war nicht als Käuferin auf einen Sklavenmarkt gekommen – was wurde ihr da zugemutet? Unter diesen Kindern wählen zu müssen hätte ihr die schlimmste Pein bereitet. Das Mädchen mit den braunen Locken und den langen Wimpern, sah es nicht ihrer verstorbenen kleinen Tochter ähnlich? Aber nein, Ulrike hatte helleres Haar gehabt, mehr wie die Kleine dort hinten, die so unverdrossen ihre Bauklötze aufeinandertürmte. Wie gut, daß solche Erwägungen keine Rolle mehr spielten. Sie dankte dem Schicksal, das ihr die Last der Wahl erspart und ihr den Jungen ins Haus geschickt hatte, den armen verirrten Vogel, der in einem einzigen Augenblick schmerzlichen Bewußtwerdens ihr eigen geworden war.

So sagte sie denn schroffer, als sie eigentlich gewollt hatte, während ihr ein weiteres Kind empfohlen werden sollte: »Bitte, lassen Sie das doch! Ich habe mich ja längst entschieden. Ich bin nur hergekommen, um den Ort kennenzulernen, an dem Henning mehr als zwei Jahre verbracht hat.«

Ihre Begleiterin wurde rot und stammelte: »Verzeihen

Sie, das wußte ich nicht. Man hat es mir nicht gesagt.« Katja drückte ihr versöhnlich die Hand und verzichtete auf den letzten Teil der Besichtigung.

Die Oberin erwartete sie im Büro. Es war nicht viel, was man über Hennings Herkunft wußte, nur die wenigen Angaben, die seine Mutter ihren Fluchtgefährten gegenüber gemacht hatte und aus denen hervorging, daß der Vater gefallen war. Im Paß der Mutter, der hier vorlag, stand Henning nicht verzeichnet.

»Frau Klattke ist unterwegs gestorben, Bekannte nahmen den Jungen mit sich und lieferten ihn hier ab. Er war damals noch nicht drei Jahre alt. Wir schätzten, daß er im Sommer neunzehnhundertzweiundvierzig geboren sein müsse, in Neutitschein in Mähren, denn dort wurde der Ausweis seiner Mutter ausgestellt. Sein Geburtsdatum setzten wir auf den fünfzehnten August fest. Alle Nachforschungen nach näheren Verwandten blieben bis jetzt erfolglos.«

Katja starrte die Oberin an. »Man weiß also nicht einmal genau, wann er geboren wurde?« fragte sie entgeistert.

Ein Seufzer war die Antwort. »Liebe Frau Blumenthal, wir haben Kinder hier, von denen wir nicht einmal den Namen wissen.«

»Kann ich den Paß einmal sehen?«

»Bitte, gern. Wir müssen ihn leider hierbehalten, die Papiere des Kindes bleiben bis zu seiner Volljährigkeit im Heim.«

Paßbilder geben nur selten ein getreues Bild des Dargestellten wieder. Ein derbes, bäuerliches Gesicht mit fest verschlossenen Lippen und auffallend hellen Augen, Hennings Augen. Sonst fand Katja keine Ähnlichkeit.

Die Oberin stand auf. Sie hatte als Leiterin dieses Heimes keinen leichten Stand, konnte sich nicht um alle Einzelheiten kümmern und versuchte es anscheinend doch; ihr angegriffenes und übermüdetes Aussehen bezeugte es.

»Einen Vorteil haben Sie noch, den Sie nicht unterschätzen sollten«, erklärte sie abschließend. »Henning hat nicht mehr die geringste Erinnerung an sein Elternhaus. Das wird ihm das Einleben erleichtern, er wird keine Vergleiche ziehen.«

»So, ja«, erwiderte Katja trocken, nichts weiter. Sie wußte es besser, aber das gab sie nicht preis, um nichts in der Welt. Es war ihr Geheimnis, das sie mit Henning teilte, und es schuf ein erstes Zugehörigkeitsgefühl, ein gemeinsames Band, das außerhalb dieses Hauses geknüpft worden war und niemanden hier etwas anging.

Als sie mit dem Kind an der Hand das Haus verließ, hatte es zu schneien begonnen. Große feuchte Flocken schwebten in der windstillen Luft fast senkrecht herab und deckten nach und nach den erstarrten Lehmboden zu, der erste Schnee dieses Winters.

Henning streckte die Zunge heraus, um die Flocken aufzufangen, und schnitt eine Grimasse, als es ihm gelungen war. »Ich dachte, sie schmecken süß.« Seine kleine Hand zuckte, wollte sich von ihr lösen. »Frau Blumenthal, darf ich mal ein bißchen rutschen?«

»Gewiß, Henning.« Sie gab ihn frei. »Aber ich bin jetzt deine Mutter, das weißt du doch. Wirst du Mutter zu mir sagen?«

»Ja, bestimmt.«

So sehr bestimmt klang das nicht. Es war eine jener Antworten, die dazu dienen, zunächst einmal einen lästigen Frager abzuschieben. Ich muß Geduld haben, dachte Katja, während sie ihm beim Schlittern zusah, erzwungene Vertraulichkeiten könnten ihn einschüchtern. Ich darf auf ihn zugehen, aber ich muß ihm auch den Spielraum freier Entscheidung lassen, jenes letzte Stück des Weges, auf dem er mir entgegenkommen soll. Ein wenig Trost fand sie in dem Gedanken, daß ihr die Zeit bis dahin nicht lang sein würde, denn zuerst galt es einmal, ihn mit Kleidung zu versorgen, da er nichts weiter besaß als das, was er am Leibe trug. Die wenigen anderen Sachen, Hemden, Unterzeug und ein zu kurz gewordener Mantel waren im Heim verblieben. Onkel Eberhard hatte ihr einen alten Kleiderschrank zugewiesen, in dem sich getragene, zum Teil noch gut erhaltene Anzüge, Mäntel und Jacken befanden, auch Wäsche war darunter, die man abändern konnte. Mia hatte am Vorabend für Henning ein Nachthemd genäht, sie würde ihr helfen.

Es war ein Glück für Katja, daß sie in die praktische Seite ihrer neuen Aufgabe ausweichen konnte, denn die Erfüllung ihrer eigentlichen Sehnsucht ließ auf sich warten: so leicht ist das Herz eines Kindes nicht zu erobern. Auch Mia war enttäuscht, als Katja ohne Henning zum Kaffeetisch kam. Die alte Haushälterin, Katjas Beschützerin aus frühen Kindheitsferien, hatte Krapfen gebacken und den Tisch im Salon festlich gedeckt, mit Kerzen, mit Blumen sogar, und nun fehlte der neue Hausgenosse, für den man alles so liebevoll vorbereitete. Er war einfach davongelaufen, zu den Spielgefährten und zu Frau Tenbücken, die vor ihrer Haustür stand. Dorthin hatte es ihn gezogen, dort kannte er sich aus, und dabei war es im kinderreichen Haushalt der Melkerfamilie längst nicht so »schön« wie bei der Frau, die er jetzt Mutter nennen sollte, eher ärmlich und meistens unaufgeräumt. »Du hast es schön!« hatte er noch vor wenigen Tagen zu ihr gesagt, und nun schien es nicht mehr zu gelten.

»Katinka, mein Herzchen, nimm es nicht so schwer«, sagte Mia, die auf ihr Geheiß am Kaffeetisch Platz genommen hatte und ihr Gesellschaft leistete.

»Ich hätte ihn hindern sollen«, stieß Katja grimmig hervor, vom Groll der Eifersucht überwältigt. »Aber nein«, verbesserte sie sich rasch, »es war richtig, daß ich es nicht getan habe. Man soll ein Kind nicht zurückpfeifen wie einen Hund. Es muß von selber kommen.«

Mia erzählte, um sie abzulenken, daß ihr Frau Tenbücken einiges über Henning berichtet habe.

»Kannst du dir vorstellen, daß ein fünfjähriges Kind noch nie in einer Küche war? Also wirklich, das geht über meinen Verstand. Er hat Frau Tenbücken gefragt, was sie da mache, und als sie es ihm erklärte, hat er den Kopf geschüttelt und wiederum gefragt: Kochen? Was ist das? — Daß man das Essen zubereiten muß, war ihm bis dahin unbekannt. Mit welchen Vorstellungen wachsen diese Kinder auf.«

Wenig später traf er ein, wahrscheinlich hatte man ihn geschickt. Er sah zerrauft aus und struppig wie ein junger Dackel. Sein erster Blick galt dem Krapfenberg auf dem Tisch, von dem Mia und Katja kaum etwas angerührt hatten.

»Darf ich?« fragte er und wartete die Erlaubnis gar nicht erst ab. Er fiel geradezu über das Gebackene her und verzehrte heißhungrig einen Ballen nach dem anderen. Die beiden Frauen sahen ihm gerührt zu und ließen ihn ohne Bedenken gewähren. Es war erfrischend und erfreuend, zu sehen, wie gut es ihm schmeckte. Die Bedenken stellten sich erst ein, als es zu spät war.

Mia fragte Henning nach seinem Lieblingsgericht, und er antwortete prompt: »Eierpfannkuchen«, denn diese Speise hatte er am Heiligabend im Melkerhaus kennengelernt.

»Du kannst mit in die Küche kommen und zugucken, wie ich es mache, willst du?«

»Ja, aber zuerst muß er sein Zimmer kennenlernen«, erwiderte Katja an Hennings Statt.

Auf dieses Zimmer war sie besonders stolz. Es war ihre bisherige Schlafkammer, die sie geräumt hatte, damit er ein kleines Reich für sich besäße. Ihr diente als Nachtlager fortan eine alte Couch, die in der Nische hinter dem Kamin ihres Wohnzimmers gerade noch Platz fand und tagsüber in eine Sitzgelegenheit verwandelt wurde. Hennings Kammer war vom Salon nur durch einen schmalen Flur getrennt.

Er schritt in seinen vier Wänden umher wie ein kleiner König und nahm Besitz von allem, was er nun sein eigen nennen durfte. Dies war die erste glückliche Stunde in Katjas junger Mutterschaft. Er strich mit seinen mageren Fingern über das Kopfkissen und sagte: »Mein Bett«, er berührte andächtig einen Gegenstand nach dem anderen und nannte sie alle beim Namen: »Mein Schrank, mein Tisch, mein Sessel, meine Lampe«; er bückte sich und ließ die flache Hand über den Boden gleiten: »Mein Teppich, der ist aber weich!« Das alles gehörte nun ihm, der im Heim nicht einmal mit Sicherheit ein Strümpfchen beanspruchen konnte. Dort hatte Gütergemeinschaft in allen Dingen bestanden.

Er bedankte sich nicht mit Worten, aber was bedeuteten die Formeln der Höflichkeit angesichts der stillen, sich mehr und mehr erschließenden Begeisterung, mit der er sich dem Seinigen zuwandte. Keine Gier lag darin, keine Raffsucht, die Kinder mitunter an den Tag legen, wenn etwas Langentbehrtes endlich in ihre Hände gerät.

In der Nacht wurde Katja durch ein merkwürdiges Wort geweckt. Es war ein Ruf, ein Schrei um Hilfe, der nur langsam in ihren Traum einsickerte, sich dort festsetzte und sie zu guter Letzt betroffen emporfahren ließ.

»Nachtwache! Nacht-wa-che!«

Sie erhob sich schlaftrunken, angelte nach ihren Hausschuhen und stieß die nur angelehnte Tür zu Hennings Zimmer auf. Dort fand sie ihn kniend, halb über die Bettkante gebeugt, den Mund mit einer Hand fest umschließend, während seine Augen darüber hinweg mit flehendem Ausdruck auf sie gerichtet waren. Sie handelte sofort, schaffte einen Eimer zur Stelle und stützte ihn, als er sich erbrach.

Es dauerte lange, der Würgekrampf wollte ihn nicht loslassen. Katja brachte das Zimmer in Ordnung, setzte sich danach zu ihm auf den Bettrand und legte ihre Hand auf seine Stirn. Er war bleich und sehr erschöpft, von stoßweisem Weinen noch am Sprechen gehindert. Sie wischte mit einem Taschentuch über sein tränenfeuchtes Gesicht, voll Unmut über sich selbst, weil sie nicht besser auf ihn geachtet hatte. Krapfen am Nachmittag und Eierpfannkuchen am Abend, dazu in solchen Mengen, das war mehr, als sein armer Magen vertragen konnte, der bisher nur an dünne Quäkerspeise gewöhnt war.

»Es ist meine Schuld, Henning, du kannst nichts dafür. Ich hätte aufpassen sollen, daß du dich nicht so vollstopfst. Aber es ist nichts Schlimmes. Morgen früh, wenn du geschlafen hast, bekommst du einen Kamillentee, dann wirst du dich wohler fühlen. Und noch eins, Henning –«

Er sah sie fragend an, mit großen Augen.

»Wenn du mich noch einmal brauchst, dann ruf nicht nach der Nachtwache. Du hast doch jetzt eine Mutter. Wirst du Mutter zu mir sagen?«

»Ja. Bestimmt.«

Sie schloß auch jetzt die Tür nicht ganz, weder die zu Hennings noch die zum eigenen Zimmer. Es konnte sein, daß er noch einmal nach ihr verlangte, noch einmal nach ihr rief, vielleicht mit einem anderen Wort, mit jenem Wort, um das sie so bänglich bei ihm warb. Darum auch legte sie sich noch nicht hin, sondern nahm ein Buch zur Hand, blätterte darin und begann zu lesen, ohne doch irgend etwas aufzunehmen. Sie war hellwach, aber ihre Gedanken gingen eigene Wege. Auch Henning drüben schlief noch nicht, es hörte sich an, als wälze er sich in seinem Bett herum, als rücke er an einem Möbelstück – oder was sonst mochte das sein? Sie hatte ihn eigentlich in Ruhe lassen wollen, nun aber, beunruhigt durch das sich gleichmäßig wiederholende Geräusch, hielt es sie nicht mehr in ihrem Sessel, sie mußte nach ihm sehen.

Sie stand auf der Schwelle und fühlte, wie es ihr heiß in die Augen stieg. Das also war es, darauf war sie nicht vorbereitet. Das Kind bemerkte sie nicht, es lehnte, halb sitzend und mit geschlossenen Augen, gegen die Rückwand des Bettes und stieß immer wieder mit dem Hinterkopf gegen die obere Leiste. Sie wußte nicht, ob und wie sie da eingreifen sollte, aber ein unbestimmtes Gefühl riet ihr, es nicht zu tun, da der Rhythmus sich bereits verlangsamte. Vier, fünf Stöße

noch, dann sank sein Oberkörper zur Seite, die Ärmchen hingen schlaff herab. Sie bettete ihn mit sanftem Griff in die richtige Lage, deckte ihn zu und verließ den Raum.
Henning, so hatte man ihr im Versorgungshaus versichert, sei eines der wenigen Kinder, die nicht an der Heimkrankheit, dem sogenannten Hospitalismus litten. Katja nahm nicht an, daß man ihr wissentlich die Unwahrheit gesagt habe. Vielleicht hat man ihn dort nicht genügend beobachtet, das ließe sich denken. Oder sollte er im allgemeinen wirklich nicht zu den Wippkindern zählen und nur vorübergehend, infolge hoher Erregung, in diesen Zustand verfallen sein? Die nächsten Tage und Wochen mußten ihr Aufschluß darüber geben.
Wenn Katja vormittags in der Landeshauptstadt war, wurde Henning von Mia beaufsichtigt, die nicht viel Mühe mit ihm hatte, denn er war recht selbständig für sein Alter, und wenn das Wetter es eben erlaubte, tollte er sowieso auf dem Gutshof herum und spielte mit den jüngsten Melkerkindern, die gleich ihm noch nicht zur Schule gingen. Katja hatte vor einem Jahr eine Halbtagsstellung in der Landesversicherungsanstalt angenommen, damit sie sich, obwohl sie als spätere Erbin Heimatrecht auf Tettenborn besaß, einen Rest von Unabhängigkeit bewahrte. Onkel Eberhard war es nicht lieb gewesen, aber er pflegte ihr in diesen Dingen nicht zu widersprechen. Nun mußte sich zeigen, ob sie ihre Berufstätigkeit mit ihren Mutterpflichten vereinigen konnte. Es ging gut, wie überhaupt die Schwierigkeiten, die sie befürchtete, sich als gering erwiesen gegenüber jenen, mit denen sie nicht gerechnet hatte. Es waren vierzehn Tage verstrichen seither, und Henning

umging noch immer die Anrede, die sie so dringend ersehnte.
Dafür ließ er es sich nicht nehmen, sie Tag für Tag um die Mittagsstunde von der kleinen Bahnstation abzuholen. Da mochte es schneien und stürmen, da mochte die Kälte ihm die Backen blau und rot färben, er stand getreulich an der Sperre auf seinen strammen dünnen Beinen, die Hände tief in den Taschen des plumpen Mantels vergraben, den Mia und Katja ihm unter Seufzen und mit mehr gutem Willen als Geschick aus Onkel Eberhards altem Paletot zurechtgeschneidert hatten. Seine Augen suchten finster die Reihen der Ankommenden ab und leuchteten jedesmal auf, sobald er ihrer ansichtig wurde.
Es waren diese kleinen Begebenheiten, aus denen Katja ersah, wie sehr sich ihr Leben binnen kurzer Zeit verändert hatte. Nach wie vor gab es Ärger im Büro, die unvermeidlichen Zusammenstöße des Alltags, denen sie früher so viel Beachtung geschenkt hatte, von Ehrgeiz und Erfolgsstreben geleitet, und die sie jetzt nur noch obenhin berührten. So verlagerte sich das Gewicht ihrer verschiedenartigen Pflichten — und seltsam, es schadete ihrer Berufsarbeit nicht, sie ging ihr im Gegenteil leichter von der Hand, seit diese Freude in ihr wohnte, diese einfache Gewißheit, daß es ein Menschenkind gab, das zu ihr gehörte und von dem sie erwartet und abgeholt wurde.
Einmal war sie aufgehalten worden und erreichte ihren Zug nicht mehr. Sie mußte den nächsten nehmen, der erst eine Stunde später fuhr, und sie hoffte inständig, daß Henning ihn nicht abwartete, denn es war grimmig kalt, und die Bahnhofswirtschaft wurde wegen Kohlenknappheit erst gegen Abend geöffnet, wenn die

Männer des Dorfes zu ihrem Stammtisch zusammentrafen. Aber er hatte ausgeharrt, er war nicht umgekehrt. Er befand sich unter den vorauseilenden Leuten, von den hohen, vermummten Gestalten der Erwachsenen verdeckt, und rief nach ihr mit seiner hellen, durchdringenden Stimme, die sie zunächst gar nicht auf sich selbst bezog: »Mutter! – Mutter, hier! Ich bin hier.«
Er stand da, er war nicht heimgegangen. Sein schmales, zusammengepreßtes Kindergesicht, das die Pudelmütze freigab, war verschmiert von Tränen der Angst und Enttäuschung. »Ich dachte schon, du kommst überhaupt nicht mehr.«
Sie umarmte ihn heftig und küßte ihn; sie rieb ihm die Wangen und die Hände, die selbst in den gestrickten Fäustlingen steif geworden waren, und sie unterdrückte wohlweislich jeden Vorwurf darüber, daß er sich so lange der Kälte ausgesetzt hatte.
»Es kommt schon einmal vor, daß ich den Zug verpasse«, entschuldigte sie sich, »deshalb darfst du nicht gleich denken, daß ich ganz wegbleibe.«
Gemeinsam liefen sie zum Bahnhofsschuppen, um das Fahrrad zu holen, und wie alle Tage hob sie ihn auf den Gepäckständer, seinen gewohnten Platz. Die Straße zum Gutshof war vom Schnee geräumt, die Radschläuche knirschten auf der gefrorenen, glattgefahrenen Fläche. Krähen erhoben sich bei ihrem Herannahen kreischend vom Wegrand und flogen ein Stück querfeldein; durch die kahlen Bäume zeichneten sich die dunklen Umrisse des Backsteingebäudes ab, das noch vor kurzem Hennings Heimat war. Er hielt sich mit beiden Händen am Sattel seiner Mutter fest und schickte keinen einzigen Blick hinüber.

## III

»Mit dem Eintritt in die Schule beginnt für jedes Kind ein wichtiger neuer Lebensabschnitt«, las Katja in dem Lehrbuch für Kindererziehung, das ihr Beate wenige Tage vor Hennings Einschulung in die Hand gedrückt hatte. Beate war Schauspielerin in Münster, seit einigen Jahren mit Katja befreundet und mit ihren Freuden und Kümmernissen vertraut.

»Lies das mal!« hatte sie gesagt. »Zum mindesten schadet es nichts.« Das war nicht gerade eine optimistische Einstellung zum Wert der Pädagogik, aber mit Ratschlägen, die aus der Erfahrung stammen, konnte Beate ihr nicht dienen.

»Der Ernst des Lebens kennzeichnet diesen Tag«, las Katja weiter, »und gerade darum muß er für das Kind zu einem Tag des Jubels und der Hochstimmung werden, der vom Glanz des Neuen erfüllt ist. Man halte jede Angst von ihm fern, denn je unbeschwerter es sich zu der unvermeidlichen Institution verhält, desto leichter wird ihm das Einleben in seine Gesetzmäßigkeit. Nach Vollendung des sechsten Lebensjahres hat jedes normale Kind das Bedürfnis nach einer festen Ordnung.« So stand es da, und man mußte es glauben. Der Schulbeginn wurde für Henning in der Tat zu einem Tag des Jubels und der Hochstimmung, dafür sorgte schon der Opa, der ihm ein Pony versprochen hatte, dafür sorgten Katja und Mia, die ihn mit neuer Kleidung und mit einer aufregenden Ausrüstung beschenkten: Ranzen und Schiefertafel, Griffelkasten, Schwammdose und Lesebuch, lauter Sachen, die fremd und abenteuerlich anmuteten und auch so rochen. Aus Münster kam die Tante Bee herbei und brachte eine buntbeklebte Schul-

tüte mit, die bis zum Rand mit Süßigkeiten gefüllt war.
Nach einer knappen Woche war Hennings Hochstimmung verflogen, und er empfand die neue Lebensform nur noch als unzulässige Freiheitsberaubung. Man hatte jede Angst von ihm ferngehalten, und die Unbeschwertheit, mit der er der Institution Schule gegenüberstand, konnte kaum noch überboten werden. Nun aber hatte er sie satt, und überdies fühlte er sich betrogen.
»Am ersten Tag«, so erzählte er, »da war es wirklich nett, da haben wir gespielt und gesungen. Und dann – na, dann wurde es langweilig.«
Katja quälte sich mit Zweifeln. Sie dachte, daß entweder das Lehrbuch nicht stimme oder daß sie kein normales Kind habe. Damit durfte sie dem Onkel nicht kommen, der hielt Henning für sehr normal. Tettenborn hatte seine frühere Ankündigung wahrgemacht: er mischte sich nicht in die Erziehung des Jungen ein, er beschränkte sich aufs Verwöhnen.
Katja sprach mit der Lehrerin, die noch jung und, wie sie selbst zugab, ziemlich unerfahren, dafür aber um so eifriger war.
»Er ist so verspielt«, klagte die Lehrerin. »Untersuchen Sie doch bitte täglich seine Hosentaschen, die hat er immer voller Kram, mit dem er sich unter der Bank beschäftigt.«
Katja befolgte den Rat und kehrte Hennings Taschen um. Da fielen Schraubenmuttern heraus, klebrige Bonbons, Bindfäden, ein angeknabbertes Marzipanschweinchen, eine Rolle Draht und eine leere Spule von Mias Nähmaschine. Henning verteidigte den Inhalt Stück für Stück und versuchte seine Mutter zu überzeugen, daß er das alles dringend benötige.

Am schwersten fiel ihm das Lesen, das nach einer neuen Methode gelehrt wurde, mit der auch Katja sich erst anfreunden mußte. Gleich eine der ersten Fibelseiten erregte seinen Widerspruch.

»Kikeriki – so macht der Hahn.
Muh muh muh – die bunte Kuh.«

»Ist gar nicht wahr«, meinte Henning dazu. »Kein Hahn macht Kikeriki.«

»Wie macht er denn?« fragte Katja geduldig.

Henning reckte den Hals vor und ahmte das Krähen eines Hahnes so täuschend nach, daß sich die Hühner unter dem Fenster neugierig zusammenrotteten. Er atmete gewaltig aus und zog die Luft mit offenem Munde ein, wobei ein brüllender Laut entstand, der für eine ganze Rinderherde ausgereicht hätte. »So machen sie.«

Die geplagte Mutter, die bis dahin nicht wußte, daß sie einen Tierstimmenimitator zum Sohne hatte, schwankte zwischen Bewunderung und Verzweiflung. »Ja, schön«, lobte sie, »nur kann man das so nicht schreiben.«

»Dann soll man es lassen«, war Hennings Meinung.

Eines Tages kam er voller Zorn nach Hause und beschwerte sich, weil ihm Unrecht geschehen war. Er gab den Vorfall getreulich wieder, und ebenso ausführlich schilderte Katja ihn am Abend Onkel Eberhard. Wieder hatte Henning mit seinem Tascheninhalt unter der Bank gespielt, und diesmal war er gefragt worden, was er da in der Hand halte. »Eine Blume«, antwortete er wahrheitsgemäß und machte keine Umstände, als er das Ding vorzeigen sollte. Die Lehrerin war ein Großstadtkind und mit Jägerlatein nicht vertraut, nur so konnte man sich das Mißverständnis erklären. »Was bist du doch für ein Lügner, Henning«, hatte sie ihn

gerügt. »Eine Blume, sagst du, und dabei ist es ein Hasenschwänzchen.«
Bei dieser Bezeichnung drehte sich dem alten Weidmann Tettenborn der Magen um. »Der steig ich aufs Dach von wegen Hasenschwänzchen«, tobte er.
»Das wirst du nicht tun«, versetzte Katja ruhig. »Du hast versprochen, dich nicht einzumischen, und es ist sicher besser so. Ich selbst werde die Sache in Ordnung bringen. Mir liegt ja nur daran, der Lehrerin klarzumachen, daß Henning nicht gelogen hat. Beim Himmel – diese Hosentaschen verfolgen mich bis in meine Träume.«
Über das zerfurchte Gesicht des Gutsherrn glitt ein Lächeln seliger Kindheitserinnerungen. »Wenn du wüßtest, was ich früher alles in meinen Taschen herumgeschleppt habe!« Aber Katja wollte es erst gar nicht wissen.
Das Pony, das der Opa seinem Liebling versprochen hatte, ließ auf sich warten, es mußte erst noch geboren werden. Seit einem Jahr beherbergte das Gut ein Ponygestüt, und nun sollte es zum erstenmal Nachwuchs geben, denn Bella war trächtig.
»Hoffentlich fohlt sie nicht am Vormittag, wenn Henning in der Schule ist«, äußerte Tettenborn besorgt, »ich hätte ihn nämlich gern dabei.« Als er sah, wie Katja zurückschreckte, nahm er sie beiseite und redete ihr zu. »Ich weiß, woran du denkst, mein Mädchen, aber du verwechselst hier zwei Dinge. Vom Schlachten werde ich ihn auch weiterhin fernhalten, das könnte ein Kindergemüt verstören oder verrohen, je nachdem. Doch sehe ich wirklich nicht ein, warum er nicht die Geburt eines Tieres miterleben sollte. Naturalia non sunt turpia, das Natürliche hat nichts Schändliches an

sich, wie der olle Euripides sagte, und unser Junge ist so prächtig und unverdorben, daß er es schon richtig aufnimmt. Für dich kann es nur von Vorteil sein, wenn er auf eine so einfache Weise erfährt, wie das Leben in die Welt kommt. Bedenke, daß nicht jedes Kind die Möglichkeit dazu hat und daß es dir in Zukunft manche umständliche Aufklärung erspart. Was der Mensch durch Anschauung erkennt, ist durch keine Theorie zu ersetzen.«

Das klang sehr vernünftig, es blieb Katja nichts anderes übrig, als nachzugeben. Dennoch haftete ein Rest von Unbehagen in ihr, den sie nicht abschütteln konnte.

Bella brachte ihr Fohlen an einem Nachmittag zur Welt, und Henning durfte dabeisein. Seine Mutter verdrückte sich feige, indem sie sich mit Arbeit entschuldigte, und auch das tat sie mit schlechtem Gewissen, weil sie sich sagte, daß dies ein Erlebnis sei, das sie eigentlich mit ihrem Kind teilen müßte. Wie würde Henning es aufnehmen?

Er kehrte aus dem Stall zurück, heiß und aufgeregt, ohne eine Spur von Entsetzen, das sie befürchtet hatte, aber doch erschüttert, ein bißchen aus der Bahn geworfen durch den Einblick, den er in den Ernst des Lebens getan, der für ihn dort im Stall stattgefunden hatte und nicht etwa, wie das Lehrbuch nachwies, in der Schule, die ihm lediglich lästig war.

»Erzähle, Henning!« bat Katja und nahm ihn auf den Schoß.

»Es war schrecklich und schön«, behauptete er, und sie wunderte sich einmal mehr, wie treffend er seine Gefühle wiederzugeben vermochte. »Bella hat arge Schmerzen gehabt und die Augen ganz schlimm verdreht, aber als das Pony draußen war, da hat es ihr nicht mehr

weh getan, da ist sie so froh gewesen und hat immer mit dem Maul an dem Fohlen herumgeschnuppert, so!« Henning wischte ein paarmal mit seiner feuchten Nase über Katjas Gesicht. »So hat sie gemacht, und alle hatten wir eine große Freude. Ich hab das neue Pony mit Stroh abgewischt, und ich durfte ihm auch einen Namen geben, weil es ja mir gehört.«
»Wie soll es denn heißen?«
Henning schlug die Augen nieder und schwieg. Als er sie wieder erhob, empfing Katja einen Blick, der alle Zärtlichkeit der Welt enthielt. »Ich habe es Katja genannt«, sagte er leise. »Es ist dir doch recht?«
So weit war alles gutgegangen, und doch wurde ihre Befürchtung am späten Abend in beklemmender Weise bestätigt, als sie ihn nach langer Zeit wieder einmal beim Wippen antraf. Das hatte sie schon für überwunden gehalten, und nun trat es noch einmal auf und erfüllte sie mit Sorge und Reue. Jeden folgenden Abend horchte sie an seiner Tür, konnte sich aber jedesmal beruhigt entfernen; es war nur ein vorübergehender Rückfall gewesen, hervorgerufen durch übermäßige Freude und Erregung.
Jetzt hatte er auch seine Pflichten als Tierhalter, und der Opa achtete streng darauf, daß er sie gewissenhaft versah. Übrigens war das nicht nötig, Henning hätte alles andere eher vernachlässigt als sein Fohlen, die Schularbeiten vorweg. Daß die überhaupt zustande kamen, gehört zu den Wundern, die nur Mütter fertigbringen. Katja suchte jede Woche in einer vom Schulleiter festgesetzten Sprechstunde Hennings Lehrerin auf, um sich zu erkundigen, wie es mit ihm stehe. Nach Fortschritten zu fragen, wagte sie erst gar nicht, das Wort erschien ihr zu hochgegriffen. Daß er so gerade

mitkam, war noch der günstigste Bescheid, den sie erhielt.
»Und bitte, versuchen Sie doch mal, ob Sie seinen Bewegungsdrang nicht etwas eindämmen können! Er ist so wild, so zappelig, er kann ja nicht eine Minute stillsitzen.«
Wem sagen Sie das, hätte Katja am liebsten geantwortet, aber sie sprach es nicht aus.
Man beschönigte nichts, man sagte ihr die Wahrheit, und das war gewiß ein Vorteil. Bald sah sie es anders an. Im Gespräch mit den Eltern anderer Sorgenkinder, an den Elternabenden zum Beispiel, gewann sie den Eindruck, daß nicht allen die gleiche schonungslose Offenheit zuteil wurde. Frau Tenbücken hatte man nicht gesagt, daß ihr Peter ungebärdig, dickfellig oder gar mäßig begabt sei, obgleich das alles in derselben Weise wie bei Henning auf ihn zutraf. Es gibt Schattierungen in der Wortwahl, man kann bittere Wahrheiten auch versüßen, verpacken, in einem milderen Lichte erscheinen lassen, das der Hoffnung auf Besserung Raum gibt. Warum bei den anderen, warum nicht bei ihr? Glaubte man denn, daß es sie nicht verletze, wenn sie Ungünstiges über Henning erfuhr? Daß es ihr nicht das Herz beschwere, nur weil sie ihn nicht geboren hatte?
Onkel Eberhard wußte ein Mittel, wie man Hennings Bewegungstrieb in die richtigen Bahnen lenkte. »Ich werde ihm Reitunterricht geben«, versprach er, »du wirst sehen, das hilft. Den mach ich dir so müde, daß ihm das Stillsitzen nachher zu einem Vergnügen wird.«
»Willst du ihn auf Bella setzen?«
»Auf ein Shetland? Wo denkst du hin. Gleich hoch zu Roß soll er beginnen, damit er gar nicht erst umsatteln

muß. Ich werde Alpha nehmen, die kennt ihn schon, und die geht auch ganz brav. Sei unbesorgt, ich bin nicht waghalsig, wir machen keine Kapriolen. Hast doch selbst einmal bei mir angefangen.«
Sie war unschlüssig, glaubte nicht recht an einen Erfolg und gab ihre Zustimmung nur mit halbem Herzen. Aber, sieh an! Das half nun wirklich. Hatte er sich vorher mit den Kindern auf dem Hofe ohne Anleitung oder Überwachung, auf eigene Faust sozusagen, ausgetobt, so geriet er mit seinem überschüssigen Temperament hinfort an eine Disziplin, die keine Eigenwilligkeit und kein Ausscheren erlaubte; er mußte sich unterordnen, sich bemühen und, vor allem, sich sammeln. Versteht sich, daß er es gern tat, sonst wäre alles umsonst gewesen. Daß er es lernte, sich zu konzentrieren, kam letzten Endes auch den Schularbeiten zugute – eine Auswirkung, die weder Katja noch der Onkel vorausgesehen hatten. Ein guter Schüler wurde er damit noch nicht, doch die Anpassungsschwierigkeiten waren behoben. Er fügte sich der Ordnung, in die er hineingezwungen wurde; er liebte sie auch späterhin nicht, aber er lehnte sich nicht mehr dagegen auf.
Im Dezember hatte sich die Mama angesagt, die Wert darauf legte, daß man diese Anrede auf der zweiten Silbe betonte. Die Mamah also, oder, wie Henning nun sagen sollte, die Großmamah. Katja hatte ihre Mutter lange nicht gesehen und freute sich auf den Besuch. Sie erhoffte sich die Klärung einiger Unstimmigkeiten, die durch den Briefwechsel allein nicht zu beheben waren. Es ging um Henning, es ging um die Frage, ob eine so junge Frau wie Katja überhaupt ein wildfremdes Kind an sich binden sollte. Frau von Tettenborn hatte diese Frage entschieden verneint und aus ihrer ablehnenden

Haltung ungeachtet aller Bitten und Beschwörungen der Stieftochter kein Hehl gemacht. Nun galt es, sie zu überzeugen, nun kam es darauf an, daß Henning sich bewähre. Armer Henning.

Onkel Eberhard, dem der gesellschaftliche Ehrgeiz seiner Schwägerin von jeher ein Greuel war, beobachtete die Vorbereitungen der Nichte mit Widerwillen. War es nötig, daß sie dem Jungen einen Anzug aus schwarzem Kordsamt kaufte, mit weißen Perlmutterknöpfen, weißem Pikeekragen und ebensolchen Manschetten, von den Lackschuhen ganz zu schweigen? Er empfand es als überflüssig und unpassend, mochten Mia und Katja sich auch noch so entzückt gebärden.

»Fühlen Eure Lordschaft sich eigentlich wohl in dem Zeug?« fragte er, als Henning ihm vorgeführt wurde. Der Junge sah ein bißchen beklommen drein, rückte verlegen die Manschetten zurecht und murmelte: »Nö, wohl fühl ich mich nicht. Aber wenn Besuch kommt, muß man doch fein sein.« Fürs erste setzte Katjas mütterliche Autorität sich noch durch.

Sie hatte ihm, nicht erst seit gestern und heute, Manieren beigebracht. Er sagte danke und bitte, wo es hingehörte, er grüßte höflich, wann immer es angebracht war, und er benahm sich bei Tisch so gesittet, wie man es von einem Kind seines Alters erwarten konnte. Mit dieser Einschränkung allerdings, da war nichts zu machen. Ein gesunder, lebhafter Junge von sieben Jahren kann nicht unausgesetzt artig sein. Nach zwei Tagen angespannten Bravseins brach Henning aus und verfiel in eine saloppere Gangart. Dem Onkel war es selbstverständlich, Katja reagierte mit unangebrachter Nervosität darauf, und die Dame Tettenborn sah alle ihre Vorurteile bestätigt.

Gemütsroheit meinte sie unter anderem bei ihm festzustellen. Anlaß dazu gaben ein paar Betrachtungen, in denen sich Henning, durch die Religionsstunde angeregt, über das Sterben und die ewige Seligkeit erging.
»Wenn der Opa mal stirbt, Mutter, kommt er dann auch in den Himmel?«
»Das glaube ich bestimmt, er ist doch so lieb.«
Henning brütete eine Weile über diesem Gedanken, bevor er ihn weiterspann. »Wird 'n ziemlich alter Engel sein«, folgerte er kopfschüttelnd. »Und komisch genug, so im langen Nachthemd, mit Flügeln am Rücken und Wasserstiefeln an den Beinen.«
Zu jeder anderen Zeit wäre Katja mit amüsiertem Lächeln darüber hinweggegangen, die Gegenwart ihrer Mutter aber machte sie befangen. In ihrer Unsicherheit vertraute sie sich der Freundin an und wurde glattweg ausgelacht.
Beate wirkte in dem Weihnachtsmärchen mit, das um diese Zeit Premiere hatte, in den kleinen Kammerspielen, da das große Stadttheater von Bomben zerstört und noch nicht wieder aufgebaut war.
Es war Hennings erster Theaterbesuch, und er brannte darauf, zu erfahren, welche Rolle die Tante übernommen hatte, denn das wollte sie ihm nicht verraten, weil er es selbst herausfinden sollte. Er trug seinen schwarzen Anzug mit Würde, es war ja ein festlicher Tag, auch die Mutter hatte ihr bestes Kleid angezogen, und die Großmama war daheim geblieben. Henning begrüßte das insgeheim sehr und war doch gutartig genug, sich solcher Gedanken zu schämen. Darum gab er sich einen Ruck und sagte: »Schade, daß die arme Großmama Kopfschmerzen hat, sie wäre doch sicher gern mitgekommen.«

»Ja, wirklich schade«, erwiderte Katja freundlich und dachte: Ein Glück, daß ich ihn wieder einmal für mich allein habe.

So beschwindelten sie einander in bester Absicht und hielten sich froh bei den Händen, denn nun ging der Vorhang in die Höhe und bescherte ihnen eine bunte Bühne in abenteuerlicher Beleuchtung.

Henning hatte gehofft, daß Tante Bee das Schneewittchen spiele, aber das war sie ganz und gar nicht, dieses junge Mädchen wirkte zu fremd. Viele Leute versammelten sich da oben auf dem Schauplatz: König und Königin, Köche und Kammerdiener, Zofen und Jäger, man kannte sich nicht aus. In dem Märchen, das die Mutter ihm erzählt hatte, kamen so viele Personen nicht vor.

Bei Katja wich die anfängliche Verzauberung einem rasch aufflammenden Ärger. Hier war wohl das ganze Ensemble auf der Bühne beieinander bis hinab zum letzten Statisten? Schauspieler – das wußte sie von Beate – hatten nicht nur Anspruch auf ihre Gage, sondern auch auf eine regelmäßige Beschäftigung. Wie aber sollte sich ein Kind in dieser verwirrenden Fülle zurechtfinden?

Henning beugte sich enttäuscht zu ihr und flüsterte: »Ich kann sie nicht finden, spielt sie denn überhaupt mit?«

Während des zweiten Aufzugs erkannte er sie plötzlich, in einer ebenso großartigen wie gräßlichen Szene. Ein Zucken ging durch seinen Körper, er ließ die Hand der Mutter los, er wandte den Kopf weg und hielt sich die Ohren zu, als Beate mit heiserer Stimme ihre Flüche über die Bühne schleuderte.

Katja bereute es, daß sie ihn nicht darauf vorbereitet

hatte. »Sie spielt ja nur«, versuchte sie ihn zu trösten, »sie muß das so spielen, Henning, sie ist doch die böse Stiefmutter.« – Stiefmutter? Wie war ihr dieses Wort in den Mund geraten?

Aber Henning schien es nicht gehört zu haben, er verweigerte sich dem Spiel und verharrte bis zum Schluß in seiner verkrampften Haltung.

Nach der Aufführung trafen sie sich in Beates kleiner Wohnung, die dem Theater gegenüberlag, und nun war es wieder die liebe Tante Bee, abgeschminkt und ganz natürlich in ihrem vertrauten Hauskittel.

Henning umarmte sie ungestüm und sparte nicht mit Vorwürfen. »Das darfst du nie wieder tun!« verlangte er. »Du bist viel zu schade für so eine häßliche alte Hexe.«

Beate umfaßte mit den Fingern sein Kinn und sah ihn herzlich an. »Paß auf, ich verspreche dir was. Ich werde im nächsten Jahr dafür sorgen, daß ich eine Fee oder Prinzessin spielen darf, kommst du dann wieder?«

Henning meinte, das müsse er sich noch überlegen.

»So viel Gemütsroheit«, spottete Beate, als sie eine Weile mit Katja allein war. »Ich will dich nicht gegen deine Mama aufwiegeln, aber in bezug auf den Jungen solltest du mehr Abstand zu ihr halten. Zweifelst du immer noch an seiner Empfindsamkeit? Laß dir den Blick für Henning nicht trüben, Katja, er ist so ein guter Kerl.«

Die Lektion war notwendig und heilsam. In den wenigen Tagen, die bis zu Frau von Tettenborns Abreise verblieben, bezog Katja eine eindeutige Stellung und wechselte auf die Seite ihres Kindes hinüber. Sie tat es nicht leichten Herzens, sie liebte ihre Mutter, aber wenn hier jemand einen Vorwurf verdiente, so war es die Mama, die Katjas Bindung an Henning einfach nicht wahrhaben wollte. Sie scheute sich nicht einmal, ihre Genugtuung offen zu zeigen, als sie von seinen schlechten Schulleistungen erfuhr.

»Ein kleiner Plebejer«, meinte sie verächtlich, »hätte nur noch gefehlt, daß du ihm deinen Namen gibst. Ich verstehe deine Instinktlosigkeit nicht, mein Kind. Er war doch schon fünf, als du ihn kennenlerntest, da sind die Gesichtszüge bereits so ausgeprägt, daß sie einiges über die Abstammung verraten. Die niedrige Stirn, die nahe beieinanderliegenden Augen — hat dich das nicht gewarnt? Er kommt aus keinem guten Stall, das darfst du mir glauben.«

Katja hatte den Standesdünkel ihrer Mutter immer als eine Schrulle betrachtet und mit Humor ertragen; nun war ihre Geduld erschöpft. Sie bemühte sich, ruhig und sachlich zu bleiben, aber die aufgestaute Erregung brach durch ihre Stimme, als sie antwortete: »Ich wußte bisher nicht, Mama, wie rücksichtslos du sein kannst. Hast du denn immer noch nicht gemerkt, wie sehr ich Henning liebe? Willst du mich allen Ernstes in die Lage bringen, zwischen dir und ihm wählen zu müssen? Er ist mein Kind, er ist mein Sohn und nicht irgendein austauschbares Objekt, das hast du zu respektieren, auch wenn du es nicht verstehst. Ich kann nicht länger dulden, daß du so abwertend über ihn sprichst.«

Das war deutlich, und Frau von Tettenborn sah ein, daß sie zu weit gegangen war. Sie gab ihre Gedankenlosigkeit zu, gelobte Zurückhaltung in allem, was Henning betraf, und bat um Verzeihung. Versöhnung lag über dem Abschiedstag, aber ein kleiner Stachel blieb zurück.

Henning durfte, an Katjas Hand, die er fest und wie

zur Abwehr umschlossen hielt, die Großmama zum Bahnhof geleiten. Als die Koffer schon im Abteil verstaut waren, als der Zugführer die Abfahrt ankündigte, als Frau Tettenborn ihre Tochter umarmt hatte und nun auch Henning die Hand zum Abschiedsgruß entgegenstreckte – da inszenierte der kleine Plebejer einen Auftritt, um den ihn die Tante Bee beneidet haben könnte. Er schlug die Hacken zusammen, daß es knallte, er beugte sich tief über die dargebotene Hand, streifte sie mit seinen Lippen und schmetterte den einmaligen Satz hervor: »Leben Sie wohl, gnädige Frau; ich hoffe, Sie haben eine angenehme Reise!«

Die beiden Frauen waren sprachlos, der Zug fuhr ab, und in der allgemeinen Verwirrung vergaß man sogar, zu winken. Katja blickte auf ihren Jungen, als sähe sie ihn zum erstenmal. »Was sollte das, Henning? Wer hat dir das beigebracht?«

Henning blinzelte verschmitzt, er machte einen überaus munteren Eindruck. »Der Opa«, entgegnete er arglos. »Wir haben das gestern abend ein paarmal geübt, bis es richtig saß. Es hat doch prima geklappt, findest du nicht?«

Katja wußte nicht, ob sie lachen oder sich ärgern sollte. Sie ballte die Fäuste. Na warte, Onkel Eberhard!

## IV

Der Sommer stand hoch über dem Land und verschwendete seine Gaben, Helligkeit, Wärme und Duft, die der regenreiche Frühling eigensinnig zurückbehalten hatte. Man schritt leichter aus in leichter Bekleidung, fühlte die Schultern befreit vom Druck der zähen Feuchtigkeit, die so lange über der Ebene lastete, alles leuchtete in einem neuen, wechselnden Licht. Am Mühlenteich tummelten sich die Kinder mit Geschrei, das von weit her durch die Büsche schallte und neben allgemeiner Lebensfreude auch eine ganz besondere verriet: die großen Ferien standen vor der Tür.

Auf Tettenborn wurden die Koffer gepackt. Katja hatte Urlaub genommen und beschlossen, den größten Teil von Hennings Sommerferien mit ihm in Süddeutschland zu verbringen, damit er das Hochgebirge kennenlerne. Es war seine erste Reise, von einigen Eisenbahnfahrten nach Köln abgesehen, wohin ihn Mia zu ihren Verwandten mitgenommen hatte. Jetzt aber sollten sie mit dem Schlafwagen fahren, und das war nun wirklich etwas Ungewöhnliches, ein richtiges Schlafzimmer in einem fahrenden Zug. Henning erfuhr erst bei dieser Gelegenheit, daß es so etwas gab.

Er untersuchte jeden Gegenstand im Abteil mit der ihm eigenen Wißbegier und Gründlichkeit, knipste die Bettlampe an und aus und hantierte so bedrohlich mit der Leiter, daß Katja, die im Pyjama am Waschtisch stand und Toilette machte, ihm ein paarmal ausweichen mußte. Das Nachtgeschirr im Schränkchen erregte Staunen und Lachlust. »Die haben aber auch an alles gedacht.«

Er durfte oben schlafen und streckte sich auf seinem schmalen Lager aus. »Wenn ich mich ganz steif mache, bin ich ein Ding in einem Gepäcknetz, ein liegender Koffer.«

Katja stand auf der untersten Sprosse der Leiter und knüpfte vorsorglich das Seil zu beiden Seiten fest. »Das muß sein«, erklärte sie bestimmt, als er dagegen pro-

testieren wollte, »damit du mir nicht noch zu einem fliegenden Koffer wirst.«
Der Zug raste durch die Dunkelheit mit gleichmäßig mahlendem Geräusch; am Fenster, das Katja einen Spalt weit geöffnet hatte, flatterte und zerrte die Gardine, als wollte sie sich von ihren Haken losreißen. Zuweilen gab es einen kurzen Aufenthalt auf einem größeren Bahnhof, dann drang etwas vom Lärm nächtlichen Weltstadtverkehrs ins Abteil, Rufe von Zeitungsverkäufern, Fahrtabkündigungen, durch krächzende Lautsprecher seltsam verzerrt, dazwischen die froh erregten Stimmen der Reiselustigen, die gleich ihnen für eine Weile die Eintönigkeit des Alltags hinter sich warfen. Der liegende Koffer im Gepäcknetz hörte von alledem nichts mehr. Seinen Vorsatz, er wolle die ganze Nacht über wach bleiben, um die Fahrt auch recht zu genießen, hatte eine gesunde Müdigkeit ihm zunichte gemacht.
Katja war es lieb so, sie lag noch lange mit unter dem Kopf verschränkten Armen in ihrem Bett und überließ sich ihren Gedanken, die weit zurückeilten in eine Zeit, die einmal leuchtende, vom Trug der Unvergänglichkeit umflossene Gegenwart gewesen war und sich im Rückblick schon so unwirklich erweisen sollte wie ein Traum. Es tat nicht mehr weh, wenn sie den Spuren jener Tage nachging; sie konnte sie heute ins Gedächtnis zurückrufen ohne das brennende Verlangen, sie wiederum lebendig werden zu lassen, ohne diesen ewig unerfüllbaren und darum so quälenden Wunsch, das einmal Geliebte dem Dunkel der Vergangenheit zu entreißen. Nicht die forteilende Zeit allein, von der man sagt, daß sie die Wunden heile, hatte die Sehnsucht getilgt und das Band verwischt. Ein Neues war aufge-

taucht, deckte sanft das Gewesene zu, eine neue Liebe, eine neue Pflicht: sie durfte einem Kind die Welt erschließen.

Eine Welt, in der man Berge antraf, deren bizarre Gipfel den Dunst des frühen Morgens überlagerten und sich nur zögernd zu erkennen gaben, eingeschlossen in ihre eigene Einsamkeit und Unzugänglichkeit. Kopf an Kopf verfolgten sie hinter der Scheibe des fahrenden Zuges, wie das Massiv sich näherte und seine Formen enthüllte, sich nach einer Kurve plötzlich ganz anders und größer gab und nun auch die Schründe schon freiließ mit dem ewigen Schnee.

»Eeewig«, sagte Henning und dehnte das Wort, um seiner Bedeutung recht innezuwerden, denn es war ein gewaltiges Wort und ein bißchen zu groß geraten für einen verwegenen kleinen Jungen, der bisher nur die naheliegenden Dinge ganz unmittelbar und mit Eifer ergriffen hatte. »Schnee im August, Mutter? Und er geht dort nicht weg, auch im heißen Sommer nicht, wenn die Sonne ganz doll darauf brennt?«

»Nein, Henning, dazu ist es zuviel und die Kälte dort oben zu groß, das schafft auch die Sonne nicht mit all ihrer Kraft.«

Das Staunen des Kindes übertrug sich auch auf Katja und nahm ihr die achtlose Selbstverständlichkeit, mit der ein Erwachsener an diesen ihm längst bekannten Erscheinungen vorbeidenkt und die es ihm verwehrt, an ihrem Zauber teilzuhaben. Die andächtige Stimmung hielt jedoch nicht vor, denn nun kam Hennings Wirklichkeitssinn zum Durchbruch. Ewigkeit hin oder her, da sind die Dinge, und, erscheinen sie noch so großartig und erhaben, es wäre doch gelacht, wenn sich mit ihnen nicht auch etwas anstellen ließe.

»Man kann da hinauf«, das war ihm schon bekannt, »mit Kletterschuhen und Haken und Seilen, nur muß man das erst lernen, sonst stürzt man ab. Mit der Sesselbahn aber ist es nicht gefährlich, au fein, da fahren wir mal rauf, und dann machen wir da oben eine Schneeballschlacht im August, das muß schon ein Spaß sein. Ist ja wohl genug auch für einen Schneemann vorhanden, was glaubst du?«
»Oh, genug«, versicherte Katja und kehrte vergnügt mit ihm auf den Boden der Tatsachen zurück, auf dem die Erhabenheit des ewigen Schnees in die Dienste eines kindlichen Spieltriebs geriet. Ein Wunder ist die Welt dem Kind, doch keines, von dem es sich ausgeschlossen oder abgewiesen fühlt.
Als nach zwei kühlen Tagen die Sonne wieder schien, fuhren sie mit der Bergbahn auf den Wendelstein. Dort war Neuschnee gefallen, der an den schattigen Stellen in seiner unberührten Glätte dazu verlockte, mit beiden Händen hineinzufahren und unzeitgemäße Winterfreuden zu veranstalten, wovon Henning reichlich Gebrauch machte. Eine verjüngte Mutter war sein Spielgefährte, eine Ferienmutter, die unbeschwert und ausgelassen und richtig albern sein konnte, die ihm Anregungen gab an Stelle von Ermahnungen, die nicht von der Zukunft sprach und nicht vom Bravsein und erst recht nicht von der Schule, kein Wort davon. Büro und Schule — die hatten sie beide abgeschlossen wie zwei finstere Kammern, zweimal den Schlüssel herumgedreht im Schloß und ihn dann in die Ecke geworfen; man würde ihn ja doch einmal aufnehmen müssen und die Kammern wiederum öffnen und lüften, aber davon sprach man jetzt nicht. Auf der Hotelterrasse saßen sie in luftiger Höhe am gedeckten Tisch, blinzelten in die Sonne und tran-

ken eine Brauselimonade, die den Durst herrlich löschte nach der heißen Balgerei. Sie sahen zur Wetterwarte hinüber, wo man den Witterungsumsturz voraussagen konnte oder das Herannahen einer Windsbraut, die aber keinen Bräutigam hatte, was Henning ziemlich enttäuschend fand. Dann wurde es merklich kühl, und sie fuhren wieder bergab ins sommerliche Tal. Vor Seilbahnen hatte Katja sich von jeher gefürchtet, die Unternehmungslust des jungen Abenteurers ließ ihre Angst bis auf einen Rest zusammenschrumpfen, und bald hatte die Erde sie wieder.

Im Wolfsee erwarb sich Henning unter Katjas Anleitung die letzte Sicherheit im Schwimmen, hier überquerte er zum erstenmal ohne Gürtel mit weitausholenden Bewegungen ein tieferes Gewässer, Seite an Seite mit der achtsamen Mutter, an deren Schulterband man sich notfalls ein bißchen festhalten konnte, wenn man glaubte, daß man es allein nicht mehr schaffe. Er schaffte es aber allein bis ans andere Ufer und brauchte die Unterstützung nicht; das war ein Fortschritt, auf den er sehr stolz war.

Es kam auch zu einem Wettrennen zwischen ihnen.

»Bis zu dem Pfahl da drüben, Mutter, wir wollen mal sehen, wer der erste ist, los!«

In Katja erwachte ein kindischer Ehrgeiz. Den Vorsprung ließ sie ihm nicht, sie erreichte knapp vor ihm das Ziel, und es war schon in Ordnung, daß sie ihn nicht bemogelte, denn den Betrug hätte er vermutlich durchschaut. Sie ließ sich bewundern und genoß Hennings Lob wie eine strebsame Fleißkärtchenschülerin.

»Na hör mal, du kannst aber prima laufen, das hab ich ja gar nicht gewußt.«

Als sie ihn hoch oben in den ausladenden Ästen eines

Baumes entdeckte und von ihm zu dem gleichen Unternehmen ermuntert wurde, meldete sich in ihr die gesetzte Dame zu Wort und predigte etwas von Schicklichkeit und Vernunft – die Kindereien einer Frau von dreißig Jahren haben ja wohl ihre Grenze?
Der kleine Verführer im Apfelbaum wußte sie zu überreden: »Wer rennen kann, der kann auch klettern, du mußt es nur einmal versuchen. In diese Ritze stellst du den Fuß, dann hältst du dich an dem Ast dort fest und schwingst dich hinauf, ja, richtig, und jetzt mit dem Knie in die Gabel, das letzte Stück zieh ich dich rauf – hau ruck, geschafft! War doch 'n Kinderspiel, nicht?«
Natürlich war es ein Kinderspiel, in jedem Sinne. Die Dame von Welt, die eben noch in Katja gesprochen hatte, wurde auf Urlaub geschickt. »Eine schöne Aussicht hat man von hier«, stellte sie aufatmend und zufrieden fest, strich ihr Kleid glatt und machte sich's auf dem ungewohnten Sitz bequem.
»Ja, und runterspucken kann man auch, aber da bin ich dir über, wollen wir wetten?«
Katja spuckte einmal kurz, mit begreiflichen Hemmungen, und es war auch nicht beträchtlich, was sie dabei hinausbeförderte. Henning sammelte seinen Speichel mit schauderhaftem Geräusch und brachte es in der Sportart des Weitspuckens zu einer wahren Meisterschaft. Darin war er ihr über, kein Zweifel, aber von diesem Gebiet hielt sie ihren Ehrgeiz auch lieber fern.
In Katjas Gepäck befanden sich Bücher, die sie daheim nur flüchtig durchgeblättert hatte, weil der mit Pflichten angefüllte Tagesablauf ihr dort selten erlaubte, sich in sie zu vertiefen. Hier fand sie Zeit und Muße dazu und nutzte beides, indem sie sich auf dem kleinen Balkon im Liegestuhl niederließ, von Henning bemuttert,

der ihr den Sonnenschirm in die rechte Lage rückte, ein Tischchen an ihre Seite setzte und behutsam den Kaffee darauf niederstellte, den er ihr eigens aus der Pensionsküche heraufgeholt hatte. Auch den Aschenbecher holte er, ohne daß sie erst darum bitten mußte, und als sie der Packung eine Zigarette entnahm, zündete er vorsichtig ein Streichholz an und gab ihr Feuer. Mit diesen still geübten aufmerksamen Handreichungen stattete er seinen Dank ab für eine Liebe, die er tiefer und inniger empfinden mochte als Kinder, denen sie von jeher ungestört zuteil geworden war. Niemals berührte er auch nur mit einem Wort die Jahre, die er im Versorgungshaus verlebt hatte, und selbst mit heftigen Liebkosungen hielt er sich nach wie vor zurück. Aber es gab diese Augenblicke einer so unverstellten und ungeteilten Hinwendung, die durch keine äußerliche Zärtlichkeit zu ersetzen war und Katja immer aufs neue bewies, wie stark die entbehrungsreiche und liebesarme Phase in seinem Gemüt sich niedergeschlagen hatte. Seine Stimme sank dann stets zu einem Flüstern herab.

»Geht es dir gut?« fragte er leise, wobei er das Kinn auf die Brust drückte und sie von unten her wohlwollend betrachtete.

»Und ob!« antwortete Katja und lächelte ihm aus den Augenwinkeln zu. »Die Windsbraut auf der Wetterwarte dürfte mich beneiden.«

»Wieso?« fragte er verdutzt und blies die Backen auf.

»Die hat nämlich keinen Bräutigam, der für sie sorgt, die Arme. Ich hab aber einen.«

»Hach ja, das ist wahr.« Ein bißchen verlegen war er nun doch, wie er da unschlüssig stand und die Fußspitze in die Dielenspalte bohrte.

»So geh schon spielen, du Meisterschwimmer und Weitspucker. Ich hab jetzt alles, was ich brauche. Sei bis zum Abendessen wieder zurück, Henning, ja?«
Sie konnte ihn unbesorgt ohne Aufsicht lassen, er war selbständig und bei aller Wildheit bedächtig genug, seine Freiheit nicht zu mißbrauchen. Daß sie Anrecht auf ein Eigenleben hatte, erkannte er gut und wußte es zu respektieren. Spielkameraden fand er zur Genüge, in der Pension wohnten mehrere Kinder seines Alters, mit denen er schon Freundschaft geschlossen hatte.
Ein einziges Mal gab es Ärger. Eine aufgebrachte Frau ließ sich bei Katja melden und zog ihren heulenden Sprößling hinter sich her, auf dessen Wangen Hennings schlagkräftige Hand eine deutliche Spur zurückgelassen hatte.
»Sind Sie die Mutter dieses Flegels, der meinen Jungen zusammengeschlagen hat?«
»Ich bin die Mutter von Henning, wenn Sie den meinen«, berichtigte Katja mit mühsam gebändigter Erregung.
»Ja, genau den meine ich. Sehen Sie sich das an, die Backe glüht ja noch immer von dem Schlag. Sie sollten sich Ihren Bengel mal gehörig vornehmen, damit er seine Fäuste zu was Besserem gebraucht.«
Katja war traurig und zornig zugleich und suchte nach Henning. Sie fand ihn im Badezimmer, wo er, über das Waschbecken gebeugt, seine blutbeschmierte Nase säuberte. Als sie sein entstelltes Gesicht erblickte, erschrak sie, und ihr Zorn heftete sich sofort an den wahren Schuldigen.
»Er hat angefangen, Mutter«, brachte der verunstaltete Kämpfer unter Spucken und Schluchzen hervor, »und da hab ich – da hab ich mich doch wehren müssen,

sonst denkt er bloß noch, ich bin feige. Es hat auch so schrecklich weh getan, da mußte ich ihn einfach vertrimmen.«

Das Nasenbluten ließ nach, als sie ihm einen nassen Waschlappen in den Nacken legte, aber die Zähne bluteten noch eine Weile. Die aufgequollene Oberlippe bewies, daß für dieses Catch-as-catch-can in erster Linie der unfaire Gegner verantwortlich war.

Beim abendlichen Spaziergang, als Katja Henning wieder einigermaßen hergerichtet hatte, begegneten sie dem feindlichen Stoßtrupp auf einem Wiesenpfad und bekamen noch einmal eine spitze Bemerkung zu hören, die diesmal nicht ohne weiteres hingenommen wurde.

»Nun, haben Sie Ihrem Söhnchen den entsprechenden Denkzettel verabreicht?«

Katja reckte sich hochmütig auf und breitete schützend ihren Arm um Hennings Schultern. »Vielen Dank für den Hinweis, aber das hat Ihr eigener Sohn schon bestens besorgt, will ich meinen.«

Man tauschte giftige Blicke und strebte nach verschiedenen Richtungen davon. Die glucknenhafte Rolle entsprach nicht Katjas Geschmack, weil sie die Rivalität von »Müttern unter sich« verabscheute, aber sie war ohne ihr Zutun in sie hineingedrängt worden und konnte nicht dulden, daß ihrem Jungen Unrecht geschah. Das Küken neben ihr hob seine zerschundene Nase so triumphierend hoch, wie der kaum abgeklungene Schmerz es gerade noch zuließ. Denen haben wir es mal gezeigt, wir zwei, die mögen sich nur nicht einbilden, daß sie uns beide auseinanderbringen könnten, da haben sie sich gewaltig verrechnet! Er trug einen gar kühnen Ausdruck zur Schau, der geschwollene Henning, und war durchaus gewillt, es mit dieser prächtigen

Frau an seiner Seite gegen eine Welt von Feinden aufzunehmen.
Der kleine Zwischenfall brachte Katja eine neue Erfahrung ein, die sie zunächst mit Betroffenheit, dann aber mit Humor vermerkte. Die jungen Kampfhähne hatten, indes die Mütter sich weiterhin spinnefeind verhielten, ihren Zwist schon am nächsten Tag verwunden und erfreuten sich in schöner Eintracht an gemeinsamen Indianerspielen, ohne daß es dazu der Überredung von irgendeiner Seite bedurft hätte; kein Händedruck war vonnöten und keinerlei Entschuldigung, sie hatten ihren Streit einfach vergessen. Wann brächten Erwachsene dergleichen fertig?
Katja ließ sich durch das Verhalten der Kinder belehren und führte noch am gleichen Tag eine Unterredung mit ihrer Rivalin herbei, die den gewünschten Erfolg zeitigte und ihnen den Ferienfrieden zurückgab.
Am Abend vor ihrer Abreise schleppte Henning einen alten Marmeladeeimer, den er auf irgendeiner Schutthalde aufgelesen haben mochte, ins gemeinsame Zimmer, stellte ihn neben seinem Bett auf den Läufer nieder und ging mit dem Inhalt sehr geheimnisvoll und vorsorglich um.
Als Katja einen mißtrauischen Blick hineinwarf, sah sie zwischen Moos, Gras und Kräutern ein paar plumpe und feuchte Gottesgeschöpfe herumkrabbeln, die ihr flüchtig bekannt und nicht dazu angetan waren, liebevolle Gefühle in ihr wachzurufen. Sie schüttelte sich. »Es geht aber wirklich nicht, Henning, daß du uns Kröten ins Zimmer bringst. Was hast du denn um Himmels willen mit ihnen vor?«
»Es sind keine Kröten, es sind Unken«, korrigierte Henning in strafendem Ton und maß diesem Unter-

schied einen Wert zu, als habe sie eine Ameise mit einem Rhinozeros verwechselt. »Es sind gelbbäuchige Bergunken, die man nur hier im Süden findet, in Norddeutschland kommen sie überhaupt nicht vor. Guck doch mal, wie hübsch sie gezeichnet sind!«
Es kostete Katja ein beträchtliches, aber sie besiegte ihren Widerwillen und nahm eines der wabbeligen Tiere auf die flache Hand, um die gelbe Zeichnung auf dem schleimigen Bäuchlein zu begutachten. Die Frage, was denn mit ihnen geschehen solle, konnte Henning leicht beantworten.
»Die packen wir morgen früh in einen durchlöcherten Karton, und dann nehmen wir sie mit nach Hause. Es macht nichts, wenn sie eine Zeitlang ohne Nahrung bleiben, das können sie vertragen. Ich will sie am Mühlentümpel aussetzen, damit sie sich dort vermehren. Es ist doch ein Riesenspaß, wenn die Leute eines Tages in Westfalen gelbbäuchige Bergunken entdecken, die es dort sonst gar nicht gibt. Wer weiß, was sie sich alles daraus zusammenreimen.«
Katja sah ihren Sohn nachdenklich an. Wenn sie ihn recht verstanden hatte, war es ihm um eine Irreführung der Wissenschaftler zu tun. Die sollten sich darüber die Köpfe zerbrechen, wie das Vorhandensein von Bergunken in Norddeutschland zu erklären sei. »Meinetwegen also«, seufzte sie, zum Nachgeben bereit, wobei ihr für eine Sekunde der Gedanke durch den Kopf fuhr, daß Mütter von Töchtern es am Ende doch leichter hätten, »falls du dafür garantieren kannst, daß sie uns in der Nacht nicht aus dem Eimer kriechen und im Zimmer herumhüpfen. Im Bett hätte ich sie nämlich nicht so gerne, auch wenn sie noch so hübsche Bäuche haben.«

»Sie hüpfen sowieso nicht, es sind ja keine Frösche«, wurde sie noch einmal belehrt. »Aber sie kommen bestimmt nicht heraus, dazu ist der Eimer zu hoch.«

In der Nacht gaben die lieben Tierchen merkwürdige Geräusche von sich. »Sie läuten, hörst du!« flüsterte Henning und lauschte versonnen, während Katja, die nichts als ein ledernes Gequäke vernahm, dazu neigte, diese Bezeichnung für eine lyrische Übertreibung zu halten. Ein mooriger, dumpfer Geruch erfüllte den Raum und konnte auch durch das weitgeöffnete Fenster kaum vertrieben werden.

»Von mir aus mögen sie läuten«, murmelte Katja im Halbschlaf, »aber daß sie auch stinken, Henning, das stört mich denn doch.«

Henning hob den Kopf aus den Kissen, schnupperte ein paarmal und gab an, von einem Gestank nichts zu verspüren.

Der frühe Morgen, durch Reisevorbereitungen ohnehin belastet, brachte eine unliebsame Überraschung, die den kundigen Biologen beschämte, weil er sich in einem Punkte geirrt hatte. Einige der gelbbäuchigen Ungeheuer hatten ihr blechernes Domizil verlassen und kleine Wanderungen unternommen, um das unbekannte Terrain zu erkunden. Man mußte sie – es waren ihrer fünf – erst aus verschiedenen Winkeln zusammensuchen, unter anderem auch aus Katjas Wildlederschuh, den die goldäugigen Geschöpfe sich zum Nachtquartier erkoren hatten.

»Sie müssen übereinander geklettert sein und eine Leiter gebildet haben«, vermutete Henning, als die Jagd beendet war. »Da kannst du sehen, wie klug sie sind.«

Dann hatte man sie schließlich allesamt im Karton, und ihrer Beförderung in unangemessene Gefilde zur Täu-

schung der Naturwissenschaft stand nun nichts mehr im Wege.
Der Opa schmunzelte, als er von Hennings Absicht erfuhr, und erbot sich trotz der Arbeitshäufung – es war ja Erntezeit –, Mutter und Sohn bei ihrem Gang zum Tümpel zu begleiten. Er half eigenhändig mit, die Unken aus dem Karton herauszuholen und sie am sumpfigen Ufer auszusetzen, wo sie sich, ihres Gefängnisses überdrüssig, sogleich in Bewegung setzten und sich ins Schilf verkrochen.
»Wenn die Wissenschaftler sie eines Tages hier entdecken, werden sie vermutlich eine neue Eiszeit voraussagen«, gab Tettenborn zu bedenken.
»Ja, eine Eiszeit von Süden her«, setzte Henning hinzu, »und dann werden sie sich wundern, wenn die überhaupt nicht eintrifft.«
»Und wir, die wir es wissen, lachen uns ins Fäustchen und verraten kein Sterbenswort.«
Einzig Katja stand still dabei und wußte nichts beizusteuern, weil ihre Phantasie angesichts dieser männlichen Verschwörung versagte. Sie war mit Mädchenbüchern aufgewachsen und bedauerte sehr, daß sie nicht wenigstens einmal Karl May oder Tom Sawyer oder Gullivers Reisen gelesen hatte. Außerdem eilten ihre sorgenvollen Gedanken zwei Tage voraus, denn übermorgen sollte die Schule wieder beginnen.
Der obligate Aufsatz »Mein schönstes Ferienerlebnis« stand auch diesmal auf dem Programm, sie hatte es befürchtet. Seine Abfassung wurde zudem erschwert durch die zusätzliche Aufgabe, das Kunstwerk in Reime zu fassen: ein Gedicht über die Ferien, das hatte Henning gerade noch gefehlt. Über seinem Gesicht breitete sich die Finsternis eines nächtlichen Tunnels aus, und seine

verbissene Miene ließ darauf schließen, daß er die Schule gern gegen eine Strafanstalt eingetauscht hätte. Katjas Vorschlag, er möge doch etwas über die Unken schreiben, wies er hohnlachend zurück: seine gelbbäuchigen Lieblinge waren ihm zu schade für eine literarische Verwertung.
»Dann vielleicht etwas über ein anderes Tier, Henning, mit Tieren kennst du dich doch aus. Du mußt den Aufsatz schon selber machen, ich hab nicht die Absicht, deine Lehrerin zu betrügen. Wenn du ihn fertig hast, will ich gern ein bißchen nachhelfen.«
Er begab sich in seine Kammer und blieb dort lange Zeit. Ab und zu drang ein tiefes Stöhnen durch die angelehnte Tür. Katja hatte den Bügeltisch im Korridor aufgestellt und sammelte insgeheim Reimpaare, während sie mit dem heißen Eisen über die Wäsche fuhr: Stein und Bein, Stock und Rock, Pfad und Rad, Fuß und Gruß, schlecht und recht. Als sie bei »grämlich und dämlich« angelangt war, hörte sie auf, weil sie merkte, daß ihre schlechte Laune bereits anfing, ihre Produktivität in ordinäre Bahnen zu lenken. Henning hatte ihre Hilfe nicht nötig. Er kam mit einem Male zum Vorschein, ein bißchen verschwitzt, wie sein steil aufstrebendes Haarbürstchen bewies, aber überaus glücklich, und in seiner Rechten schwenkte er emphatisch ein großes weißes Blatt, das nur von wenigen Wörtern bedeckt war. Die hatten es in sich, und er las sie sogleich vor:

»Auf einer Wiese stand ein Schwein,
das war noch ziemlich jung und klein.
Es hopste auf allen Vieren
und verstauchte sich die Niehren.«

Dante nach Vollendung der Göttlichen Komödie, Kolumbus beim Anblick des ersten Küstenstreifens, Napoleon nach der Schlacht bei Austerlitz – sie alle hätten nicht siegesgewisser dreinschauen können als unser Henning. Die ganze Gottesseligkeit des sechsten Schöpfungstages leuchtete aus seinen Augen: Und der Herr sah an alles, was er gemacht hatte, und siehe, es war sehr gut!

Das dämpfte man besser nicht; in dieses noch blutwarme Künstlerglück mit Kritik hineinzufahren wäre unverzeihliche Roheit gewesen. Sie lobte ihn sehr, schickte ihn zum Spielen hinaus und wartete den Abend ab. Da sie ihn nach dem Essen müde, ernüchtert und um einiges abgekühlt fand, nahmen sie sich den Vierzeiler noch einmal gemeinsam vor. Er hatte nichts dagegen, daß sie ihm das h aus den Nieren strich; für Rechtschreibung war sie zuständig. Als sie aber begann, die anatomische Möglichkeit des geschilderten Schweineunfalls anzuzweifeln, begehrte er auf. In solchen Sachen, meinte er, müsse sie sich redlicherweise zurückhalten. Sie, die bis vor kurzem noch nicht gewußt hatte, daß Wale lebende Junge zur Welt bringen, und die eine Unke nicht von einer Kröte unterscheiden konnte – was verstand sie schon von Tieren! Warum sollte ein Schwein sich nicht die Nieren verstauchen, noch dazu, wenn es sich so schön reimte? Was dies anging, blieb Henning unnachgiebig und störrisch wie ein Maultier.

Der Opa wurde als Schiedsrichter angerufen, aber da kam Katja gerade an den Richtigen. Seit der Geschichte mit dem Hasenschwänzchen dachte Tettenborn nicht mehr besonders gut über die biologischen Kenntnisse von Hennings Lehrerin.

»Wenn sie dir das nicht glaubt, so kannst du ihr bestellen, daß ich noch vor kurzem ein Schwein notschlachten mußte, weil es sich die Nieren verstaucht hatte. – Beim Hopsen auf der Wiese übrigens«, fügte er hinzu.
»Onkel Eberhard!« rief Katja entsetzt. Aber er winkte nur ab und zog grinsend davon.
Hennings Gedicht fand, wie vorauszusehen war, bei der Lehrerin keinen Anklang, dafür um so mehr bei seinen Mitschülern. Er war der Held des Tages, und sein literarischer Ruf führte ihm eine Menge neuer Freunde zu.

## V

In die fortschreitende Zeit schlichen sich Veränderungen ein, deren keine sich mit Pauken und Trompeten ankündigte und auch von niemandem als Sensation empfunden wurde, und die doch ihre Kreise schlugen und ihre Wirkung übten, beharrlich und mit stiller Kraft. Nur selten gleicht das Leben einer Schicksalssymphonie; es sind die sanften Übergänge eher, die Wandel schaffen und das Glück zur Reife bringen, doch auch den Schmerz und die Enttäuschung.
Annehmlichkeiten brachten zunächst einmal die gebesserten wirtschaftlichen Verhältnisse mit sich, die den auf Tettenborn einquartierten Flüchtlingsfamilien eine neue Bleibe verschafften und damit auch die angestammten Bewohner aus ihrer räumlichen Enge erlösten. Katja hatte jetzt ihr eigenes Schlafzimmer, und das Bad, das sie bislang mit Mia und Onkel Eberhard teilen

mußten, gehörte nun ihr und Henning allein. Wer lange Zeit auf beschränktem Raume gelebt hat, weiß solche Bewegungsfreiheit zu schätzen. Katja entfernte ihre Kleidungsstücke aus Hennings Schränken und schuf Platz für seine Liebhabereien, für Spielsachen, Bastelwerkzeug, ausgestopfte und lebende Tiere, er besaß einen Wellensittich und ein Aquarium; einzig die Hobelbank wurde aus Gründen, die Henning ohne weiteres einsah, im Keller aufgestellt. Bei all seiner Wildheit besaß er einen lobenswerten Ordnungssinn, er ging behutsam mit dem Seinigen um, und selten mußte sie ihm etwas nachräumen. Im allgemeinen bieten die Zimmer neunjähriger Jungen nicht eben den Anblick kosmischer Harmonie und lassen in ihrem vorweltlichen Durcheinander höchstens das junggebliebene Herz eines Mannes wie Eberhard von Tettenborn höher schlagen, indes sie bei den Müttern nur zu Stoßseufzern und Händeringen führen. In dieser Hinsicht gab es für Katja keinen Grund zur Klage.

Sie konnte Henning auch am Abend, wenn er zu Bett gegangen war, getrost sich selbst überlassen, er gehörte nicht zu den Kindern, die sich nachts im Dunkeln fürchten. Sie ging jetzt öfter aus, denn es war ein Ereignis eingetreten, das ihren Anspruch auf ein Eigenleben in stärkerem Maße geltend machte. Sie hatte sich verliebt.

Henning war noch zu klein, um etwas davon zu bemerken. Er fand nichts dabei, daß sie Theater und Konzerte besuchte, dergleichen gehörte zur Welt der Erwachsenen, die daran ihre Freude hatten wie er an seinem Pony, an Hobelbank und Wellensittich. Er neidete es ihr nicht, er zeigte weder Eifersucht noch Neugier. Er sagte: »Viel Spaß, Mutter, und amüsiere dich mal gut, grüß auch die Tante Bee, wenn du sie triffst, und komm nicht zu spät zurück, hörst du, sonst bist du morgen wieder so müde.« Kuß und Umarmung folgten – oft schlief er schon, wenn sie das Haus verließ. Von mütterlichen Gewissensbissen blieb sie vorerst noch unberührt.

Die Liebe eines Kindes vermag viel, aber nicht alles. Sie kann nun einmal nicht jenes Hochgefühl ersetzen, das der geflügelte kleine Gott mit den tückischen Pfeilen so leicht bewirkt: das Hineingleiten in jenen von Herzklopfen begleiteten Dämmerzustand, den die Werbung eines Mannes hervorruft.

Es tat wohl, für ein paar Stunden wenigstens die Mutterrolle abzuwerfen und nichts weiter zu sein als Eva im Paradies, Gefährtin eines Partners, von dem man sich umhegt, begehrt und umworben wußte. Noch war das entscheidende Wort nicht gefallen, noch war alles in der Schwebe, durchwoben von zarter Hoffnung und unausgesprochenen Zukunftsträumen. Man saß in einer kleinen Weinstube im diskret erhellten Winkel beisammen und plauderte leichthin, streifte auch ernstere Fragen mit wohlbedachten Worten, wie Liebende tun, denen gepflegte Konversation ein unschätzbares Mittel auf dem Weg zur Vollendung bedeutet, poetische Erhöhungen gleichsam, womit die wahren Probleme halb vorsätzlich, halb unbewußt noch verschleiert werden. Bis die Stunde der Aussprache kam, die das Gewebe zerriß und Katja den ernüchternden Stoß in die Wirklichkeit versetzte.

Wäre Henning ihr leibliches Kind gewesen, so hätte er ihn angenommen und Vaterstelle bei ihm vertreten, wenn den Freund auch dies schon, wie er mit einigen Skrupeln zugab, eine nicht zu unterschätzende Überwindung kosten würde. Für ein wildfremdes Kind aber reiche seine Liebe nicht aus, die ja in erster Linie ihr gehöre, um die er warb.

Wildfremd – wie bitter schmeckte dieses Wort auf ihrer Zunge! Es war ein kaltes Wort, gedankenlos ausgesprochen von Menschen, die sich gar nicht erst die Mühe gaben, in den inneren Kreis dieses Mutter-Sohn-Verhältnisses hineinzuleuchten; es kam von außen her und traf am Kern der Sache vorbei, aber wie hätte sie ihm das klarmachen sollen? Er war ja nicht einmal zu einem Versuch bereit, wollte Henning gar nicht erst kennenlernen und zahlte für diese Weigerung den Preis, daß er auch sie verlor, die zu lieben er doch vorgab. War es ein hoher Preis für ihn? Was eigentlich war sie ihm wert?

Sie schwankte nicht eine Sekunde, es konnte keine Trennung von ihrem Kinde geben. Er warf ihr Eigensinn vor, als habe er es mit einem bockigen kleinen Mädchen zu tun, das ein wertloses Spielzeug gegen alle bessere Einsicht der Erwachsenen rechthaberisch und gierig umklammert hielt. Von allen Mißverständnissen, an die Katja sich schon gewöhnt zu haben glaubte, war dieses das einschneidendste und grausamste. Es gab nun keine Verabredungen mehr, die Angelegenheit war abgetan, man ging einander aus dem Weg, und Katja ließ sich, um ein Zusammentreffen im Büro zu unterbinden, in eine andere Abteilung versetzen. Ihre einzige Genugtuung bestand darin, daß alles noch zur rechten Zeit geschehen war, daß sie ihr Herz noch nicht an ihn verloren hatte, wie eine Redensart besagt, die ja im Grunde meint, daß man zugleich dabei den Kopf verliert.

Ihr Kopf war klar geblieben in jeder Stunde ihrer Verliebtheit, sie hatte ihre eigene Lage immer noch gut überblickt. Es war keine Verstrickung gewesen, in die sie blindlings hineingestrauchelt wäre, und darum kostete es auch keine Kraftanstrengung, sich von Hoffnungen, die sich als trügerisch erwiesen, zu befreien. Ein Irrtum eben, weiter nichts, doch ließ er einen dumpfen Schmerz zurück, ein angeschlagenes Selbstbewußtsein, verletzte weibliche Eitelkeit nicht minder; dies einzusehen, war sie aufrichtig genug.

In solcher Niedergeschlagenheit braucht man einen Menschen, dem man sich anvertrauen kann. Das Kind schied aus, die alte Mia hätte nur lamentiert, und Onkel Eberhard zum Vertrauten zu machen, ließ Katjas Stolz nicht zu. Sie hätte Verständnis bei ihm gefunden und gewiß auch Trost, aber sie erinnerte sich zu gut seiner einstigen Warnung, die sie damals so vorschnell in den Wind geschlagen hatte. Darum wandte sie sich mit ihrem Kummer an den einzigen Menschen, der ihr bei der Entwirrung dieses Problems helfen konnte.

Beate, um einige Jahre älter als Katja, hatte ihren Verlobten durch den Krieg verloren und späterhin einige Mißerfolge in der Liebe gehabt, die sie im Nachhinein ohne Groll, aber auch ohne romantische Verklärung betrachtete. Sie sah ohne Bedauern auf ihre Fehlschläge zurück, lebte seit längerem schon als skeptische Junggesellin und hielt sich an ihren Beruf, der ihr Erfolg und Zufriedenheit bescherte. Männer sehen in ihrer Ichbezogenheit die Freundschaft zwischen Frauen nicht selten mit scheelen Augen an und pflegen ihr nicht zu trauen, ein Vorurteil, das eifersüchtige Weibchen im Kampf um den Mann ihnen oft bestätigen. Die Freundschaft zwischen Katja und Beate aber war von jener sachlichen Art, wie sie auch zwischen Männern bestehen könnte; sie waren im Laufe der Jahre zu guten Kameraden geworden. Wohlfeile Beschwichtigung war von Bee nicht zu befürchten, dafür besprachen sie dann gemeinsam Katjas Niederlage mit Einsicht und Nüchternheit.

»Liebst du ihn immer noch?« wollte Beate wissen, als sie mit hochgelagerten Beinen im kleinen Salon auf der Chaise lag und den Rauch ihrer Zigarette vor sich hinblies.

»Ich weiß es nicht«, gestand Katja ratlos und kleinmütig.

Beate richtete sich auf. »Natürlich liebst du ihn nicht, das sage ich dir auf den Kopf zu, und ich werde es dir beweisen. Dieser ach so zärtliche und gutaussehende Herr ist in Wahrheit ein Egoist, und du weißt das genau. Es spricht für dein gesundes Selbstgefühl, daß du gar nicht erst versucht hast, ihn zu überreden.«

»Alle Männer sind Egoisten!« rief Katja unbedacht.

Beate beantwortete diese Verallgemeinerung mit einem hintergründigen Lächeln. »Dein eigener Mann auch?« fragte sie zweifelnd.

Das wurde mit Entrüstung zurückgewiesen, und die Entschiedenheit war sogar begründet. »Bert scheidet aus, er war von anderem Rang. Als wir in unseren ersten drei Ehejahren, bevor Ulrike kam, vergeblich ein Kind erhofften, machte er selbst mir den Vorschlag, eine Kriegswaise zu adoptieren.«

»Na also. Und glaubst du, daß dein lieber Bert der einzige Mann auf der weiten Welt war, der dazu bereit gewesen wäre?«

»Willst du mir Appetit auf neue Liebesabenteuer machen?« fragte Katja stirnrunzelnd. Ihr kam der Einwand billig vor.

»Ich denke nicht daran«, gab Bee zurück. »Es wäre im Gegenteil töricht, wenn du dich jetzt allen einigermaßen vertrauenerweckenden Männern an die Fersen heften wolltest, um sie auf ihre Brauchbarkeit als Stiefvater abzuklopfen. So etwas läßt sich nicht erzwingen. Deine Resignation aber ist kalter Blödsinn. Frauen in unserer Situation, Katja, sollten sich weder von übertriebener Hoffnung noch von Bitterkeit leiten lassen. Bleib du dem Leben offen zugewandt, wie es sich für einen jungen Menschen gehört, und halte dir immer vor Augen, daß die Liebe uns geschenkt wird — man reißt sie sich nicht gewaltsam vom Himmel herab. Hast du Henning etwa gesucht wie einen verlorenen Gegenstand? Ist er dir nicht ins Haus gekommen, ohne daß du ihn rufen mußtest?«
Diese Worte fielen auf fruchtbaren Boden und rückten Katjas aus den Fugen geratenes Innenleben wieder zurecht. Der tägliche Kram beanspruchte sie mehr als zuvor, und sie ließ sich willig auf ihn ein, zunächst wohl mehr, um zu vergessen, aber schließlich, als sie ihr kleines Abenteuer wirklich vergessen hatte, um der Dinge selbst willen, die viel Aufmerksamkeit und Nachdenken erforderten.
Henning machte ihr nach langer Zeit wieder einmal zu schaffen. Er brachte schlechte Noten nach Hause, worüber sie diesmal regelrecht in Zorn geriet, weil ihrer Meinung nach Faulheit im Spiel war, denn er hatte seine Schularbeiten noch nie derart unlustig und nachlässig aufs Papier geschmiert. Auch außerhalb der Schule tat er nicht gut. Sie ließ ihm viel Freiheit, aber sie hatte von jeher darauf bestanden, daß er pünktlich zu den Mahlzeiten kam, und er hatte diese Regel fast ausnahmslos eingehalten. Jetzt wurde beinahe die

Ausnahme zur Regel, wogegen die mütterlichen Ermahnungen nichts vermochten. Ihrer Strenge begegnete er mit patzigen Antworten, und mitunter legte er eine Aufsässigkeit an den Tag, die Katja erschreckte.
Onkel Eberhard nahm, wie immer, das Ganze von der leichten Seite. »Er kommt jetzt in die Flegeljahre, das ist normal, und das geht wieder vorbei.«
»Der könnte dir die Scheune anzünden, und du hieltest auch das für normal«, rief Katja erbost.
Tettenborn wurde ernst und warf seiner Nichte einen ärgerlichen Blick zu. »Das hielte ich durchaus nicht für normal, so senil bin ich noch nicht, mein liebes Kind. Aber unser Junge steckt keine Scheunen in Brand, du siehst ja wohl Gespenster.«
Der Oktober brachte noch einmal ein paar warme Tage, und Katja hatte Henning erlaubt, im Mühlenteich zu baden, im Tümpel wohlverstanden, der stehendes Wasser hatte und dessen Temperatur trotz der voraufgegangenen Regenperiode noch erträglich war. Er aber bestand darauf, den Bach aufzusuchen, der, reißend und kalt, an der stillgelegten Mühle vorbeischoß und in Höhe des alten Holzrades auf ein Wehr zuströmte, in dessen Nahe zu geraten auch für kundige Schwimmer ein Risiko bedeutete. Der Disput fand in der Küche statt, wo Henning beim Abtrocknen half, und das einzige Argument, das er zu seinen Gunsten mehrmals hartnäckig vortrug, war nicht dazu angetan, die Mutter umzustimmen. »Die anderen dürfen es auch.«
»Von mir aus mögen sie«, erklärte Katja schroff, durch den ständigen Widerspruch gereizt. »Du jedenfalls darfst es nicht.«
Er preßte die Lippen so fest aufeinander, daß sie wie ein Strich erschienen, er kniff die Augen zusammen,

daß nur noch zwei dunkle Schlitze übrigblieben; sein ganzes kleines Jungengesicht war entstellt von Wut und unnatürlicher Blässe. Und dann geschah es, daß er den Teller, den er zum Abwischen in der Hand hielt, mit aller Kraft auf die steinernen Fliesen schleuderte. Es klirrte und krachte, Scherben spritzten gegen den Schrank und fielen scheppernd zurück. Katja ließ den Spültisch mit dem nassen Geschirr im Stich und ging scheinbar ruhig hinaus, während ihr Inneres sich in hellem Aufruhr befand.

Es war Jähzorn, eine Eigenschaft, die ihr von allen menschlichen Schwächen am meisten Angst einflößte, die ihr unheimlich war, mit der sie sich nicht zurechtfinden konnte und die sie bei Henning zuallerletzt vermutet hätte. Sie hatte sich eingebildet, jede Seite seines Wesens zu kennen, nun aber stand sie hilflos vor einer Erscheinung, die sich wie eine Wand aus trübem Glas zwischen ihre Zusammengehörigkeit schob und hinter der er seltsam verzerrt und verteufelt wirkte. Was wußte sie eigentlich von ihm?

Sie nahm ein Strickzeug zur Hand, um sich abzulenken und ihre Nerven zu beruhigen, aber die Finger versagten ihr den Dienst.

Nach einer Weile kam Henning hinter ihr hergeschlichen und bot den jämmerlichen Anblick echter Zerknirschung. »Es tut mir leid«, sagte er heiser, »ich mach's nicht mehr wieder. Ich hab die Splitter zusammengefegt und die letzten Tassen abgetrocknet. Den Teller ersetze ich von meinem Taschengeld. Aber du bist sicher noch böse?«

So leicht, lieber Henning, dachte Katja, so leicht kommst du mir diesmal nicht davon. Das war keine Bagatelle, die man nach ein paar Minuten mit Küßchen und Umarmung aus der Welt schaffte. Ihre Hände hatten sich inzwischen beruhigt und gehorchten ihr wieder, sie legte Masche um Masche zurück und hielt den Blick auf ihre Arbeit gesenkt.

»Ich habe dich nicht verstanden, Henning, noch nie warst du mir so fremd. Es war, als hätte ich ein völlig unbekanntes Kind vor mir.«

Sie wußte, daß dieses Urteil ihm einen Schock versetzte, und eben darum sprach sie es aus. Es ging nicht an, daß er ihre Liebe wie eine allzeit verfügbare Sache in die Tasche steckte.

Sein Gesicht war immer noch weiß vor Erregung, er wußte nicht, wohin er sich wenden sollte.

»Geh spielen!« befahl sie grob. »Geh zum Mühlenteich oder zum Bach, mir soll es gleich sein, denn du tust ja doch, was dir paßt.«

»Ich geh zum Teich«, preßte er gewaltsam hervor, wandte sich um und verschwand.

Er war noch nicht lange fort, als sich Zweifel in Katja meldeten, ob sie nicht doch zu hart mit ihm verfahren sei. Eine neue Unruhe ergriff von ihr Besitz, die weniger von Zorn als von Furcht und Reue bestimmt war. Denn da sie sich mit ihm nicht mehr auskannte, mußte sie sich jetzt fragen, wieviel Härte und Strenge er eigentlich vertrug. Ihre Phantasie geriet in Bewegung und quälte sie mit entsetzlichen Bildern, mit allerlei Gehörtem und Aufgelesenem: es soll schon Kinder gegeben haben, die sich das Leben nahmen. Die Sicherheit, daß Henning dessen überhaupt nicht fähig sei, war ihr abhanden gekommen, und der Gedanke an den reißenden Mühlbach verstärkte noch ihre Bangnis, die schon zu einer Zwangsvorstellung wurde. Sie konnte die Stunde seiner Rückkehr kaum erwarten und war

heute fest entschlossen, ihn suchen zu gehen, falls er sie auch nur um wenige Minuten überschritt.
Das war nicht nötig, denn mit dem Glockenschlag sieben stellte er sich ein. Das Abendessen fand nicht im Familienzimmer statt, weil Mia nach Köln gefahren war und Tettenborn sich auf einer landwirtschaftlichen Ausstellung befand; so aßen sie zu zweit in der kleinen Küche, auf der Eckbank sitzend in gequältem Schweigen, das keiner von ihnen zu unterbrechen wagte. Katja hätte ihn gern an sich gezogen und ihm die erbetene Verzeihung gewährt, aber jetzt war er es, der ihr durch sein steifes und zugeknöpftes Wesen jede Vertraulichkeit verwehrte.
Gegen Mitternacht stand er plötzlich neben ihrem Bett. Sie hatte nicht gehört, wie er die Tür zu ihrem Schlafzimmer öffnete, obwohl sie immer noch wach lag. Auch ohne daß sie die Nachttischlampe anknipste, erkannte sie in dem vom Mondlicht schwach erhellten Raum die Umrisse seiner kleinen, verzagten Gestalt mit dem gesenkten Kopf.
Er weinte nicht, aber seine Stimme war schwer von Tränen. »Bist du immer noch böse, Mutter? Bin ich dir immer noch fremd?«
Sie lüftete die Steppdecke und rückte ein wenig beiseite – im Handumdrehen lag er neben ihr und bettete seinen Kopf auf ihrem bereitgehaltenen Arm. Der Arm wurde ihr steif, sie verspürte ein unangenehmes Kribbeln darin, die Lage war schlecht gewählt, aber sie hielt es aus und rührte sich nicht, bis er eingeschlafen war. Gesprochen wurde gar nichts mehr. In den ersten beiden Jahren seines Hierseins hatten sie manchmal so nebeneinander gelegen und ein bißchen erzählt, wenn er nach einem besonderen Erlebnis in seinem Bett keinen Schlaf

finden konnte, dann waren sie wie von selbst von dieser Gewohnheit abgekommen. Nun hatte er wieder zu ihr gefunden, war wieder angenommen worden, kein fremdes Kind, sondern der liebe Henning, der niemals in blinder Wut einen Teller auf dem Boden zerschmettert hatte.

Katja erzählte Onkel Eberhard von diesem Vorfall nichts. Es gab Erlebnisse, die nur Henning und ihr allein gehörten, sogar die vorübergehende Feindseligkeit wurde in diese Solidarität miteingeschlossen. Dabei wäre Tettenborns Gutachten sicherlich weit großzügiger ausgefallen als das der gestrengen Mutter. Im Grunde war es Katja nur lieb, daß er Hennings Unarten so nachsichtig behandelte, obgleich sie oft darüber stöhnte. Sehr folgerichtig also dachte sie darin nicht, aber die Liebe hat ihre eigene Logik.

Vom zwölfjährigen Jesus weiß man, daß er, wenn auch um eines höheren Gehorsams willen, ein einziges Mal seinen Eltern Kummer bereitete, danach aber, so heißt es, »war er ihnen untertan«. Die heilsgeschichtlichen Worte dieser überlieferten Züchtigkeit und Kindestreue bezeichnen genau die Haltung, die Henning seiner Mutter in den folgenden Tagen bezeigte. Er umsorgte und umhegte sie wie damals in den Ferien, mied jedes unbedachte Wort und versuchte ihr jeden Wunsch von den Augen abzulesen. Es war rührend und unwirklich zugleich, eine Fremdheit mit umgekehrtem, diesmal positivem Vorzeichen, die ihr darum nicht weniger unbehaglich war. Aber das dauerte nicht an, das hielt er sowieso nicht durch. Nach den ersten Ansätzen angestrengten Bravseins geriet der scheinbare Musterknabe wiederum in eine Prügelei, an der er, wie er ohne weiteres zugab, selbst die Schuld trug. Katja zankte ihn gehörig aus und brummte ihm eine nicht zu knappe Strafe auf, die er ohne Murren hinnahm. Kleinigkeiten dieser Art störten die Weltordnung nicht und wurden von Mutter und Sohn auch entsprechend behandelt.

Aber da war noch etwas anderes, das sich nicht allein auf den Jähzorn zurückführen ließ. Henning hatte von dem Mann, der für einige Wochen den Versuch machte, ihm die Liebe seiner Mutter zu stehlen, nichts gehört noch gewußt, doch war ihm Katjas spannungsreicher Zustand nicht entgangen. Er glaubte das Motiv auf anderem Gebiet, er suchte es bei sich selbst und bei der einzigen Schwäche, die sein Selbstbewußtsein schmälerte, bei seinen schlechten Schulleistungen nämlich. Er bemühte sich jetzt wieder, nur blieben die Erfolge nach wie vor gering.

»Bist du böse, weil ich die höhere Schule nicht schaffe?« fragte er, als er sie wieder einmal abgespannt und verdrießlich sah.

Katja war verblüfft, überlegte kurz und schüttelte entschieden den Kopf. »Nein, Henning, das bin ich bestimmt nicht. Wie kommst du darauf?«

Er ließ sich mit einer so flüchtigen Verneinung nicht abspeisen. »Doch, sicher bist du enttäuscht«, bemerkte er, »ich kann's ja auch verstehen, schon wegen der Großmama. Du wärst ja mächtig stolz, wenn du später sagen könntest: Mein Sohn, der ist ein Herr Doktor oder ein Herr Professor oder –«, er dachte weiter nach, aber seine Kenntnis von Titeln war damit erschöpft. »Nur, weißt du, da könnte ich mir die Beine ausreißen, das schaffe und schaffe ich nicht.«

Sie nahm seine Hand und führte sie an ihre Wange. »Soll ich dir verraten, was ich mir für die Zukunft von dir wünsche? Daß du einen Beruf wählst, der dir Spaß

macht, Henning, irgendeinen, ganz gleich welchen, und daß du darin tüchtig bist und etwas leistest, denn sonst macht es keinen Spaß. Es kann nicht lauter Professoren auf der Welt geben, wo kämen wir da hin!«
Henning blies alle Schwere, die sein Gemüt bedrückte, mit einem langen Seufzer der Erleichterung aus sich heraus. Wie Gas aus einem prallgefüllten Ballon entweicht, so wich die üble Luft der Trübsal aus seiner Kinderseele. Und dann wurde er gesprächig und gab aus dem zukunftsträchtigen Born seiner geheimsten Pläne dieses und jenes preis.
»Ich könnte Schlosser werden oder noch besser Automechaniker, das würde mir liegen. Die Lehrerin hat auch gesagt, ich hätte mehr einen praktischen Verstand. Ich hab nämlich in der Schule neulich einen Wasserhahn repariert. Ach, das hab ich dir noch gar nicht erzählt? Und der Opa hat mir versprochen, daß er mir eine Werkstatt einrichten will mit allem Drum und Dran, wenn ich die Lehre hinter mir habe.«
»So, so«, brummte Katja mit einem Anflug von Eifersucht, »was ihr beide doch alles hinter meinem Rücken ausheckt! Davon möchte ich nächstens aber auch etwas erfahren, mein Freundchen.«

## VI

Der aussergewöhnlich milde und trockene Herbst führte unmittelbar in einen frühen Winter, der gleichsam über Nacht mit einem Kälteeinbruch seine Herrschaft antrat und das Land mit seinem eisigen Atem überzog. Die Trockenheit hielt weiter an, Ostwetterlage bestimmte auch den ganzen November, doch das verbliebene Laub glühte nun nicht mehr in den sonnenwarmen Farben, an denen man sich so lange erfreuen durfte. Wie eine weiße Patina schimmerte Rauhreif auf Bäumen und Sträuchern, auf Dächern und Äckern, ein freundlicher Anblick auch dies, doch nur für jene, deren körperliche Verfassung dem jähen Temperatursturz standzuhalten vermochte. Katja und Mia gehörten nicht dazu, denn sie reagierten auf den plötzlichen Wechsel mit fiebrigem Schnupfen; Tettenborn wurde erneut von seinem Rheumatismus heimgesucht, aber Henning befand sich in seinem Element. Er beobachtete das allmähliche Zufrieren der Gewässer mit wachsender Befriedigung, holte die Schlittschuhe vom Boden und gewann der umstürzlerischen Jahreszeit ihre vergnügliche Seite ab.

Katja ließ ihn gewähren und gönnte es ihm von Herzen. Der seichte Tümpel hatte sich binnen zweier Tage mit einer tragfähigen Eisschicht bedeckt und bildete keine Gefahr, den Mühlbach aber mied Henning mit dem schlechten Gewissen eines Menschen, der die Stätte einer schimpflichen Niederlage geflissentlich umgeht. Er war nicht in allem gehorsam, für diesen besonderen Fall jedoch durfte man ihm vertrauen.

Auch als er wieder einmal die erlaubte Zeit überschritt, machte Katja sich noch keine Sorgen und sah nur ärgerlich auf den vorgerückten Zeiger unter dem Glassturz. Wahrscheinlich würde er sich wieder herausreden, daß ihm die Armbanduhr stehengeblieben sei, der Schlingel, man kannte das schon. Sie war bereit, die Unpünktlichkeit für diesmal mit Nachsicht zu behandeln, weil der Wintersport so überraschend möglich geworden und der Spaß daran noch so unverbraucht war, daß man die

Zeit darüber leicht vergessen konnte. Erst als sie ans Telefon gerufen wurde, geriet sie in Panik.
Die Sorge erwies sich als berechtigt. Es war nicht Beate, die anrief, es war nicht das Büro, es war ein Anruf aus dem nächsten Krankenhaus. Dorthin hatte man Henning und den jüngsten Sohn der Melkerfamilie einliefern müssen. Frau Tenbücken war schon fort. Tettenborns Auto stand bereit, er schob Katja hinein, warf ihren Mantel hinterher, den sie in der Eile vergessen hatte, und setzte sich, so rasch seine steifen Gelenke es zuließen, ans Steuer.
Unterwegs berichtete er – denn ihm galt der Anruf als erstem – mit knappen Worten, was sich zugetragen hatte. Als Henning auf dem Weiher Schlittschuh lief, war Tenbückens fünfjähriger Uli zum Mühlbach gegangen und dort eingebrochen. Seine Hilfeschreie bewogen die anderen Jungen, die Erwachsenen aus den nächstliegenden Häusern herbeizuholen; Henning allein hatte sofort gehandelt. Er war ohne langes Überlegen zu dem Kleinen, der nicht schwimmen konnte, ins Wasserloch gesprungen, hatte ihn mit energischem Schwung über den schon abbröckelnden Rand aufs feste Eis gehievt und vermochte sich danach nicht mehr aus eigener Kraft zu befreien, weil er sie schon verausgabt hatte. Während Uli zitternd und immer noch laut um Hilfe rufend seinen anderen Spielgefährten folgte, versuchte Henning sich in der eiskalten Lücke über Wasser zu halten, bis die inzwischen benachrichtigten Anwohner ihn mit einer Leiter herausholten. Nun galt es abzuwarten, wie seine Konstitution den Unfall überstand.
Onkel Eberhard hatte das alles sachlich und im ganzen zuversichtlich vorgetragen, vor dem Krankenhaus aber

zeigte sich, daß er auch feige sein konnte. Er ging nicht mit hinauf; er entschuldigte sich mit seinem Rheuma und zog es vor, im Wagen sitzen zu bleiben und auf Katjas Bescheid zu warten.

O diese Krankenhäuser mit ihrem fatalen Geruch, diese langen Flure, die weißlackierten numerierten Türen, hinter denen Genesung sich vorbereitete oder Tod, die Nummern verrieten es nicht. In einem solchen Korridor einer Berliner Klinik hatte sie einmal gestanden und das entscheidende Wort abgewartet, auf eine solche Tür hatte sie gestarrt wie auf die Waage der Schicksalsgöttin — in welche ihrer beiden Schalen war das Los geworfen? Dabei hatte Ulrike die Masern ohne Komplikationen überstanden, bis eine Meningitis hinzukam, die bei einer Zweijährigen das Schlimmste bedeuten konnte. Man hatte Katja bis zum letzten Tag verheimlicht, wie es in Wahrheit um das Kind stand, bis zu jenem Tag seines qualvollen Sterbens, bis zu jenem Warten vor dem numerierten Zimmer, in das einzutreten man der Mutter strikte verwehrte. Das Bangen war schrecklicher gewesen als die später erfolgte Gewißheit, die sie nur dumpf und vom Warten schon zermürbt entgegengenommen hatte, im Tiefsten wissend, daß der Schmerz irgendwo mit seiner Keule lauerte und mit Sicherheit noch zuschlagen werde. Ein vielfältiges Sterben griff damals um sich in jener frontnahen Klinik, die zugleich als Lazarett eingerichtet war, ein mannigfaches, schier unübersehbares Sterben; die Diensthabenden verstopften sich die Ohren, um das Pochen des Schicksals nicht mehr hören zu müssen — und um selbst zu überleben.

Katja fuhr zusammen, als die Tür sich mit einem Male öffnete. Ein weißgekleideter Mann trat auf sie zu.

»Sind Sie Frau Klattke?«
»Ich bin Frau Blumenthal«, hörte Katja sich wie aus weiter Ferne antworten, »ich bin die Pflegemutter von Henning.« – Nun war es also heraus, nun würde man ihr ja wohl die Wahrheit sagen, denn die Pflegemutter eines »wildfremden« Kindes brauchte niemand zu schonen.
Der Arzt ergriff ihre Hand und suchte, erstaunt und verwirrt durch ihr verzweifeltes Aussehen, nach den rechten Worten. »Aber liebe gnädige Frau, es besteht doch überhaupt kein Grund zur Besorgnis. Hat man Sie falsch unterrichtet? Das will ich nicht glauben. Im schlimmsten Falle führt die Unterkühlung zu einer leichten Lungenentzündung, und die bildet für die heutige Medizin kaum noch ein Problem. Ich rechne aber lediglich mit einem grippalen Infekt, denn Henning ist organisch intakt und, wie es scheint, gründlich abgehärtet. Es ist schon von Vorteil, wenn Mütter ihre Kinder nicht verweichlichen. Er hat ein kräftiges Herz.« Ein Lächeln folgte und ein kleiner Zusatz: »Das meine ich nicht nur im medizinischen Sinn. Er ist ein tapferer Junge, unser lieber Henning. Ohne sein Zupacken lebte der kleine Tenbücken nicht mehr. Den haben wir übrigens vor einer halben Stunde weggeschickt, der kann seinen Schnupfen zu Hause auskurieren.«
Katja öffnete die Handtasche, griff nach ihrem Taschentuch und fing die hervorstürzenden Tränen ab. Sie zweifelte keinen Augenblick daran, daß man ihr die Wahrheit sagte. Diese bis ins einzelne gehende Auskunft hatte keine Ähnlichkeit mit einer vagen Beschwichtigung.
»Er schläft jetzt, und wenn Sie ihn morgen besuchen kommen, wird er Ihnen selbst alles erzählen. Wir wär-

men ihn schon wieder auf, mit Bettruhe und durch Infusionen mit einer Traubenzuckerlösung. Weihnachten feiert er daheim unter dem eigenen Tannenbaum.«

Als Katja sich neben Onkel Eberhard ins Auto setzte, übertrug sich ihre wiedergefundene Fassung auch auf den verbissen dreinblickenden Großpapa.

»Er wird es überstehen«, sagte sie mit einer Festigkeit, die immer noch mehr einem Stoßgebet als einer Zusage glich. Sie gab die Diagnose des Arztes wieder, so gut sie konnte, verschwieg aber das Lob, das über Henning darin enthalten war. Der gute Opa würde, wenn der erste Schrecken sich gelegt hatte, noch früh genug sein Heldenepos anstimmen.

Sie besuchte Henning am nächsten Tag zur festgesetzten Stunde, sprach aber wenig mit ihm, da er noch ziemlich erschöpft und schläfrig war. Erst am dritten Tag machte er einen besseren Eindruck, zeigte sich munter und redselig. Die Melkerfamilie hatte Blumen geschickt, einen prächtigen Strauß Christrosen. Henning ging mit ein paar wegwerfenden Worten auf den Anlaß zu diesem Gruß ein.

»Sind ja ganz schön, nicht? Aber das brauchten sie eigentlich nicht zu tun. Sie haben gesagt, daß ich ein Held wäre, gerade so, als hätt ich einen Drachen geschlachtet. Sind aber hübsche Blumen, ich hab sie gern, nur sicherlich sündhaft teuer. Du bist wohl diesmal nicht böse, weil ich doch an den Bach gegangen bin? Schließlich konnte ich den Uli nicht einfach absacken lassen, der kann ja nicht einmal schwimmen. Herr Tenbücken hat gesagt, ich soll mir was von ihm wünschen, aber das tue ich nicht. Die haben nicht viel Geld bei so vielen Kindern, da kann ich doch nichts annehmen, das denkst du doch auch?«

Er hat ein kräftiges Herz, dachte Katja mit Wärme und erinnerte sich, daß der Arzt es auch im übertragenen Sinne gemeint hatte. Zu Henning sagte sie: »Mein lieber Schatz, du darfst ein Geschenk von Tenbückens nicht ausschlagen, damit könntest du sie kränken. Es wird dir doch etwas einfallen, überleg einmal gut!«
Henning dachte nach. »Einen größeren Bohrer brauchte ich für meine Werkstatt im Keller, mit dem kleinen komme ich durch die harten Hölzer nicht durch. Der ist ja nicht zu teuer. Ja, sag ihnen, daß ich mir den schon lange wünsche, dann geben sie endlich Ruhe. Und am dritten Advent darf ich nach Hause, hat die Schwester heute morgen gesagt; du, den feiern wir aber dicke, wir beide ganz alleine.«
Den feierten sie dicke und ganz alleine, nachdem Henning die stürmische Begrüßung mit Mia und dem Opa hinter sich gebracht hatte. Der hatte sich's nicht verkneifen können, dem jungen Helden seine Anerkennung auszusprechen. Katja hielt sich mit derartigen Äußerungen zurück. Natürlich war auch sie stolz auf ihn, fürchtete aber gleichzeitig, daß ein übertriebenes Lob ihn leichtsinnig machen könnte. Einen verwegenen und unerschrockenen Jungen zum Sohn zu haben kann nur Müttern gefallen, die unter Umständen auch zu einer »stolzen Trauer« fähig wären, und zu denen zählte sie nicht.
Der Mama aber hatte sie in einem langen und ausführlichen Brief von Hennings Tat Kunde gegeben, in diesen Zeilen drückten ihr ganzer Stolz und ihr Glück über die gelungene Rettung sich aus. Wie eine Eingabe zur Beförderung, dachte sie, als sie das Schreiben noch einmal überflog. Sie zögerte einen Moment, ungehalten über sich selbst, klebte dann rundweg den Umschlag zu

und sandte ihn ab. Gut, daß sie es getan. Die Großmama hatte postwendend geantwortet, mit reuigen, liebevollen, überschwenglichen Worten, und sie stellte ihrerseits ein Geschenk in Aussicht. Einen kleinen Ritter nannte sie Henning, das sah ihr ähnlich, aber einen Ritter mußte man wohl als Enkel anerkennen.

Der ritterliche Knabe, ein wenig abgemagert und blaß, aber kreuzfidel, stürmte ins Zimmer und hielt triumphierend einen klobigen, abgenutzten Gegenstand in der Hand. »Nun guck doch bloß mal, was ich in der alten Weihnachtskiste gefunden habe! Ganz unten drunter lag er unter der Holzwolle — den hatten wir beide doch einfach vergessen. Und das Tütchen mit den Räucherkerzen lag daneben.«

Katja verbarg mit Mühe ihre Bestürzung, während Henning seelenruhig daranging, dem Männchen sein Recht zu verschaffen. Er machte das sehr geschickt, hielt den bräunlichen Kegel vorsichtig in die Kerzenflamme, bis dieser Feuer fing, pustete ihn leicht an und setzte ihn auf die metallene Unterlage. Rumpf und Sockel des Hirten wurden wieder aneinandergefügt, und schon begann er, fröhlich aus seiner Pfeife zu schmauchen.

Katja, die ihrem Jungen zusah, heftete ihren Blick auf sein schmales Gesicht, das dem Räuchermännchen grüblerisch zugewandt blieb. Lavendelgeruch erfüllte den Raum. Wie weit reicht das Gedächtnis eines Kindes zurück, was kann sich an frühen Verhängnissen in ihm über Jahre hinweg noch erhalten? — Ihm war einstmals mehr genommen worden als ihr, er hatte alles verloren: Mutter, Freunde, Nestwärme, Heimat; das alles hatte er eintauschen müssen gegen die Anonymität eines Versorgungshauses, in dem man aus Gründen einer fragwürdigen Ökonomie selbst mit der Liebe willentlich sparsam war. Vermag eine solche Wunde jemals zu vernarben, bestand nicht immer noch die Gefahr, daß sie einmal wieder aufbrach? In dieser Stunde mußte es sich erweisen.

»Woran denkst du, Henning?« fragte sie, als er die Nase in den feinen Faden des Rauches hielt und ihn in sich einsog. »Sag mir, Henning, woran du jetzt denkst!«

»An damals natürlich«, versetzte er gelassen, »als ich das erstemal hier bei dir war. Es war ein prima Advent, ich werde ihn nie vergessen. Das Räuchermännchen hat an derselben Stelle gestanden wie jetzt, und du hast mich zum erstenmal auf den Schoß genommen — ich war ja auch noch so klein. Damals, als ich zu dir kam, hat alles Schöne für mich angefangen.«

Sie machten ein lustiges Spiel daraus, sich den Rauch gegenseitig ins Gesicht zu blasen. Katjas Hände verschränkten sich unter dem Tisch, sie fühlte, wie ein von Dankbarkeit erfüllter Frieden sich in ihr auszubreiten begann.

O Duft der frühen Tage, der du Erinnerungen tilgst und Erinnerungen weckst, der du das Heimweh vertreibst und das Wissen um Geborgenheit aufs neue belebst: von nun an will ich dich preisen, Duft der Erinnerung!